北京开元家庭教育委员会倾情奉献

刘彦晓 著

研读《西游记》，顿悟家庭教育

——好家长必备

花山文艺出版社

图书在版编目（CIP）数据

研读《西游记》，顿悟家庭教育:好家长必备 / 刘
彦晓著.—石家庄 ： 花山文艺出版社，2017.7（2021.1重印）
ISBN 978-7-5511-3604-4

Ⅰ.①研… Ⅱ.①刘… Ⅲ.①家庭教育 Ⅳ. ①G78

中国版本图书馆CIP数据核字(2017)第183377号

书　　名：*研读《西游记》，顿悟家庭教育:好家长必备*

著　　者：刘彦晓

责任编辑：刘燕军

责任校对：杨丽英

美术编辑：胡彤亮

出版发行：花山文艺出版社（邮政编码：050061）

　　　　　　（河北省石家庄市友谊北大街330号）

销售热线：0311-88643221/29/31/32/26

传　真：0311-88643225

印　刷：三河市华东印刷有限公司

经　销：新华书店

开　本：710×1000　1/16

印　张：7.5

字　数：62千字

版　次：2017年9月第1版

　　　　　　2021年1月第2次印刷

书　号：ISBN 978-7-5511-3604-4

定　价：29.80元

前　言

　　《西游记》①的作者吴承恩，精于绘画、围棋，擅长书法、词曲。他从小就聪明过人，勤奋好学。和所有的孩子一样，他小时候爱看描写神仙鬼怪、狐妖猴精之类的书籍。随着年龄的增长，他在这方面的兴趣有增无减，始终在接触相关内容，这就为他日后创作鸿篇巨制《西游记》打下了坚实的基础。

　　吴承恩先生曾自言："虽然吾书名为志怪，盖不专明鬼，实记人间变异，亦微有鉴戒寓焉。""人间变异"指的是他对现实的不满和改变现实的愿望，"微"是吴承恩

---

① 　参考版本：吴承恩，《西游记》，齐鲁书社，2014 年 5 月出版。

的自谦之词，"鉴"是指借鉴，"戒"是指戒除，"寓"是寄托的意思。《西游记》这部小说通过描写唐僧师徒历经九九八十一难终于取到真经的故事，深刻地反映了当时的社会现实，折射出当时的世态人情。

取经路上山高水恶，妖魔鬼怪层出不穷，唐僧师徒披荆斩棘、历尽艰险方得真经，因而，《西游记》是一部激励人们积极进取、奋发图强、追求梦想的天下奇书。它通篇不囿于文字，表面上写的是唐僧师徒西天取经的故事，更深一层则要展示人如何改变自己的命运，如何成长成才从而获得成功。劝诫大家人生短暂，要励志求索；人身难得，要修身养性；人生艰难，要战胜自我。全书不含枯燥、生硬的说教，却能够令人警醒、顿悟。这是一部含有大智慧的隐语书、引领成长的人生教育宝书。

书中描绘了各种各样稀奇有趣的妖怪，千奇百怪、类型多样的地形地貌，使全书充满了幽默风趣的色彩；其人物、环境、情节描写乃至对人物所使用的法宝、武器的刻画都极尽幻化之能事，为人们呈现出了一个神奇瑰丽的神话世界。这是一部能够开发孩子无穷的想象力和创造力的神奇宝典。

《西游记》看似是神话故事、魔幻小说，实则书中的每一章节、每一个故事都在写现实生活中的事情，现实生活中的人，现实生活中的家庭。我们生儿育女成为家长，没有人能代替我们教育孩子，那么，如何做个合格的家长？
这是摆在我们面前的问题。认真研读经典名著《西游记》
之后，会发现它教给我们一些教育之法、与孩子的相处之
道，让我们学会做个好家长，能够引导孩子在敬畏中成长，
在自律中成人。

　　很多人都有这样的感慨，读了这么多书，那些文字就
像流水一样从脑子里流过，放下书之后什么都没记住，其
实这是你读书缺少提炼的缘故。读书时，要把其中主要的、
让你有感触的内容提炼出来，浓缩成精华写下来，这样读
书才能把知识变成智慧。如果你通过本书的导引，领悟了
《西游记》蕴含的家教之道，写下了你对家庭教育的认识和
感受，并整理出一本家教方略，赠送给自己的孩子，乃至
子孙后代都能当作传家宝流传下去，那真是儿孙之幸、家
门之幸、国家之幸！

　　朋友们，《西游记》是一部家教宝典，我们一起来研
读，就像我们一起进入宝山探险，岂能两手空空而归？请
在阅读的过程中写下你的感受和收获吧！

　　希望这本书能够起到抛砖引玉的作用，使更多的人关
注家庭教育，传承优良家教家风，进而培养出志向高远、
身心健康、全面而协调发展的孩子！

思考，让读书变得更加有趣

栾　桅

　　本书内容是研读《西游记》，领悟家庭教育的理念、原则与方法。彦晓把书稿给我时，我并没有在意，因为评论《西游记》的文章很多，其中不乏大家名家之作。然而当我读了几篇文章后，突然兴趣大增，渐渐地喜欢上了这些看似肤浅的文字。换一个视角看这些文字，会有很多惊喜。作者是站在家庭教育的角度，引导家长该如何品读《西游记》，并且将读后的收获用于自身家庭教育实践中。新颖的视角，轻松的文笔，独到的感悟，令我耳目一新，感慨颇多。

　　《西游记》是我国古代四大名著中孩子们最喜欢读的一部书，当然也是许多家长最爱读的一部书。《西游记》的读者群足够庞大，对于《西游记》里的故事，想必许多人也都能描述一番，但从《西游记》的故事和人物中悟出育人育德的思想，提炼出做人做事的方法，汲取人生智慧，却不是每一个读者都能做到的。而彦晓作为一个从事教育工作近三十年的实践者，从家庭教育的视角揭示出其中之奥妙、理趣，实在是难得。

　　本书共有十七讲，其中的大多数是围绕人物形象进行分析、总结与提炼。把孙悟空出世之后的经历用从草根英雄到齐天大圣的成功之路来展现，不仅联想丰富，也很有时代气息。依据孙悟空的成长之路，提出了父母要教育孩子"拜四方"，即向大自然和纷繁复杂的社会学习，不要死读书，读死书。文中列举了《西游记》中许多描写孙悟空快乐生活的片段，从石猴到美猴王再到齐天大圣各个阶段都有涉及；也列举了许多孙悟空浪迹天涯、苦苦求索的故事，充实的内容再加上合理的引导，让我们感到茅塞顿开。孙悟空不是温室里的花朵，不是父母身边的小皇帝，而是自我奋斗的英雄。除了孙悟空，还写到了唐僧、小白龙、牛魔王、铁扇公主、龙王父子等人物形象，都很有典型性和教育意义。她充分引用原著内容，对其进行剖析，并提炼出自己的心得感悟，言之有物而持之有据，同时又具有生动活泼的语言风格。特别是从中悟出的关于家庭教育的心得，充分显示了一个拥有近三十年资历的儿童教育专家的实力。

在当今飞速发展的信息时代，人们的生活节奏很快，可自由支配的时间不断受到挤压，如何让辛苦忙碌的家长们、课业负担沉重的中小学生轻松阅读，是值得研究的一个课题。彦晓告诉我，《西游记》有家长读本、学生读本、儿童读本等多种版本，其目的是让各类群体都有读经典的最佳方式。她的这些心得体会，就是引导家长从家庭教育的角度研读《西游记》，并在实践中加以运用，教育好自己的子女。她想做一个系列，让《西游记》以不同的读本进入家庭，这是多么有益的一件事呀！我想许多家长读了本书，一定会从中体会到读书的乐趣，体会到教育子女和子女共同学习成长的乐趣，继而成为因读书而受益、因读书而改变人生的智者。

读书，思考，实践，提升。彦晓一直在做这些事。作为北京开元教育机构的创始人，她管理着多所学校、上百所联盟学校以及几百名教师，十分耗费心力，还能够静下心来读书，并从中悟出育人的道理和方法，更是难得。我们都应该向彦晓学习，把读书、思考当成生活、工作中的一个重要部分，不断提升自己，使自己的人生更加丰盈饱满，同时为社会创造出更大的价值。

（作者系邯郸市作家协会副主席、文学评论艺委会主任）

目 录

第一讲：

草根英雄——齐天大圣孙悟空（一）

　　《西游记》里的孙悟空是极具传奇色彩的一个人物形象，他成人成圣又成佛，闹天闹地又闹海。男女老少都喜欢他，不仅因为他既勇敢又有智慧，还因为他知错就改、能够战胜自我。那么，孙悟空来自哪里呢？原来，自盘古开天辟地以来，在世界的中心，有一国家叫傲来国，傲来国临近大海，大海上有一座名山叫花果山，花果山山顶上有一块仙石，就是这块石头孕育了孙悟空，书中第一回写道：

　　盖自开辟以来，每受天真地秀，日精月华，感之既久，遂有灵通之意。内育仙胞，一日迸裂，产一石卵，似圆球样大。因见风，化作一个石猴。五官俱备，四肢皆全。便就学爬学走，拜了四方。

　　孙悟空原本是一只从花果山上的石头里生出来的石猴，它出生以后，和我们人类刚出生的孩子一样，有眼、耳、鼻、口、舌五官，两只胳膊两条腿，它还像小孩子一样学爬学走。和我们人类刚出生的孩子不一样的是他"拜了四方"。这是书上传递的知识，知识中蕴含着智慧。我们的孩子出生后，就要进行家庭教育了，我们也要引导孩子懂得"拜四方"，让他们拥有一颗感恩之心，感谢天地的护佑，感谢父母的养育之恩等等。此外，花果山这个名字也是大有深意的，"花"与"果"让人联想到有花才有果的因果律，而因果关系是事物联系的重要方面。作者并没有将这些内容直截了当地写出来，而是隐含于字里行间，等待读者自己去发现、感悟，吴承恩真是一位有智慧的大家！

　　孙悟空的童年是快乐的，书中写道：

　　与狼虫为伴，虎豹为群，獐鹿为友，猕猿为亲；夜宿石崖之下，朝游峰洞之中。真是"山中无甲子，寒尽不知年"。

有一天花果山的群猴闲来无事，要去山顶寻找泉水的源头，群猴拖儿带女、呼兄唤弟，他们争先恐后地爬到山顶，发现原来泉水的源头是一股瀑布，此时改变孙悟空命运的第一个机遇来了。书中写道：

> 又道："那一个有本事的，钻进去寻个源头出来，不伤身体者，我等即拜他为王。"连呼了三声，忽见丛杂中跳出一个石猴，应声高叫道："我进去！我进去！"

小石猴（孙悟空）他不甘平庸，勇敢地一跳，跳进了水帘洞，成了这群猴子的领袖——美猴王，从此"称王称圣任纵横"。

孙悟空成为美猴王以后，开心快乐地过了很多年。忽然有一日发现熟悉的猴子死掉了，他很悲伤，便向其他猴子询问如何能长生不老。有一个猿猴告诉美猴王，要云游海角，远涉天涯，向佛、神和仙学习不老长生之道。身为领袖的美猴王，集体意识十分强烈，对于整个猴群有责任感和使命感，他当机立断，说去就去，决心找到长生不老的秘籍，让众猴都能长生不老。

第二天，美猴王独自登筏，开始了在茫茫天涯苦苦求索、寻师拜师的征程，美猴王在人间漂泊了十年，他学说人话，学穿衣服，学与人打交道。流浪的十年，使他从一个猴子蜕变成为一个人。

美猴王独自驾舟漂过了两个大海，那是很远很远的路。他在路上一定会遇到挫折、困难，他会不会动摇？会不会怀疑世界上根本就没有神仙、佛祖呢？让他坚定目标，继续寻找下去的信念一定是那份对众猴负有的责任与担当。

在家庭教育中，要注重让孩子参与到家里的事务中来，让他们感到肩上有任务，心里有责任。

美猴王历经十年的苦苦求索，终于在一个樵夫的指引下，来到了灵台方寸山上的斜月三星洞，见到了他的师父菩提祖师，菩提祖师给他起了个法名叫"孙悟空"。书中写道：

祖师笑道："你身躯虽是鄙陋，却像个食松果的猢狲。我与你就身上取个姓氏，意思教你姓'猢'。猢字去了个兽旁，乃是个古月。古者，老也；月者，阴也。老阴不能化育，教你姓'狲'倒好。狲字去了兽旁，乃是个子系。子者，儿男也；系者，婴细也。正合婴儿之本论。教你姓'孙'罢。"猴王听说，满心欢喜，朝上叩头道：

"好！好！好！今日方知姓也。万望师父慈悲！既然有姓，再乞赐个名字，却好呼唤。"祖师道："我门中有十二个字，分派起名，到你乃第十辈之小徒矣。"猴王道："那十二个字？"祖师道："乃广、大、智、慧、真、如、性、海、颖、悟、圆、觉十二字。排到你，正当'悟'字。与你起个法名叫做'孙悟空'好么？"猴王笑道："好！好！好！自今就叫做孙悟空也！"

孙悟空是来干什么的？是来拜师学本领的。而菩提祖师让美猴王姓孙，就是教导他做人要有谦卑之心，要能隐忍。在中国古代忍辱负重的故事非常多，大家可以找一找，给自己的孩子读一读。孙悟空拜了菩提祖师为师，在以后七年的时间内，一直是个打杂的小学徒，书中写道：

那祖师即命大众引悟空出二门外，教他洒扫应对，进退周旋之节。众仙奉行而出。悟空到门外，又拜了大众师兄，就于廊庑之间，安排寝处。次早，与众师兄学言语礼貌，讲经论道，习字焚香，每日如此。闲时即扫地锄园，养花修树，寻柴燃火，挑水运浆。凡所用之物，无一不备。在洞中不觉倏六七年。

孙悟空独自乘筏舟离开花果山，流浪十年，九死一生，为了什么？此时又在三星洞度过了七年宝贵的光阴，他的心中有没有疑惑呢？有没有犹豫呢？我想应该会有吧，但是他为什么还要留下来呢？依然还是他的责任心使然，他要让团队里的其他猴子能够长生不老，这个信念支撑着他度过七年的时光。

孙悟空在这七年的时间里，时刻怀有虔诚和谦卑之心，学习洒扫应对、言语礼貌，最终获得菩提祖师的指教，学得了一身本领。可惜后来忘记了师父的教导，仗着本领高强大闹天宫，最后被压在五行山下。

求学，首先就要放低姿态，谦虚地请教、学习，方能学到真本领。内心浮躁、趾高气扬不能够真正地参悟知识背后的智慧。我们研读《西游记》这本书，看的是文字，学的是知识，悟的是智慧。

请把你对家庭教育的感悟写下来吧：

_____

_____

_____

_____

第二讲：

草根英雄——齐天大圣孙悟空（二）

　　孙悟空拜菩提祖师为师，那么，菩提祖师是如何教育弟子的呢？童蒙教材《弟子规》中写道："弟子规，圣人训，首孝悌，次谨信。泛爱众，而亲仁，有余力，则学文。"他让孙悟空先学习做人，这一学就是七年。孙悟空尊师重道、谦卑恭敬、大智若愚、任劳任怨，这些优秀品质让他成为菩提祖师重点培养的弟子。到这里，大家看出"谦卑"的重要了吧。

　　在我们的生活中，处事谦卑的人，往往内心很自信，而那些蛮不讲理、张牙舞爪的人内心其实是自卑的。在家庭教育中，我们要提醒孩子，做人要谦虚谨慎，要常怀一颗谦卑之心。

谦卑待人，每一位家长首先要做到。我国自古以来就重视身教的作用，每一位家长应该以身作则，为孩子树立好的榜样，从而增强教育的成效。

菩提祖师在孙悟空头上打了三下，暗示他三更时分从后门进入，传授他道理，这一段很精彩，大家自己读。我在这里说说菩提祖师传授孙悟空本领所用的时间，第一次传授孙悟空本领，书中这样写道：

此时说破根源，悟空心灵福至，切切记了口诀，对祖师拜谢深恩，即出后门观看。但见东方天色微舒白，西路金光大显明。依旧路，转到前门，轻轻的推开进去，坐在原寝之处，故将床铺摇响道："天光了！天光了！起耶！"那大众还正睡哩，不知悟空已得了好事。

三年后，他传授了孙悟空七十二般变化，书中写道：

祖师道："既如此，上前来，传与你口诀。"遂附耳低言，不知说了些甚么妙法。这猴王也是他一窍通时百窍通，当时习了口诀，自修自炼，将七十二般变化都学成了。

传授孙悟空"筋斗云"，书中这样写道：

> 祖师却又传个口诀道："这朵云，捻着诀，念
> 动真言，攒紧了拳，将身一抖，跳将起来，一勤
> 斗就有十万八千里路哩！"

真传一句话，假传万卷书。菩提祖师分三次教出了本领高强的孙悟空。每次用的时间都很短，孙悟空也能够顿悟，所以一点就透，一教就会。

"师者，所以传道授业解惑也。"老师教学有三个层次：第一种老师传道，就是传给你万物万事的规律；第二种老师授业，教给你基本知识和基本技能，教你一技之长；第三种老师解惑，就是你遇到不会的字、不会的题问老师，老师为你解答了疑问。那么，你都遇到过哪种老师呢？

比如现在好多孩子都在学习写字，但是，能写好字的孩子不多，这是为什么呢？因为要想写好字，一定要掌握汉字的结字规律和书写规律。如果老师只教你写字而不传授给你规律，那么，中国常用汉字就有几千个，你要是一个一个地学习，多少年才能写好呢？

如果你想遇到一位好老师，首先自己就要有谦卑的心

态，能够由衷地尊敬老师，虚心地向老师请教，这样老师
也会乐于将真知传授给你。

后来，由于孙悟空炫耀自己的本领，被菩提祖师遣回
了花果山。而后他战胜了混世魔王，从龙宫夺宝、地府除
名，迎来了事业上的成功。书中第三回写道：

> 自此，山猴多有不老者，以阴司无名故也。
> 美猴王言毕前事，四健将报知各洞妖王，都来贺
> 喜。不几日，六个义兄弟，又来拜贺；一闻销名
> 之故，又个个欢喜，每日聚乐不题。

俗话说，树大招风。好多人都到天上玉皇大帝处告孙
悟空的状，幸亏有贵人太白金星相助，使得孙悟空被封为
弼马温、齐天大圣，事业达到了巅峰。可惜孙悟空因为没
有父母，没有接受过家庭教育，师父菩提祖师又和他断绝
了关系，也没有老师的教诲，仗着自己神通广大，无法无
天，大闹天宫，最终被压在五行山下。盲目自大让孙悟空
栽了个大跟头，他从山巅跌入谷底。书中写道：

> 天降此山，下压着一个神猴，不怕寒暑，不
> 吃饮食，自有土神监押，教他饥飧铁丸，渴饮铜
> 汁；自昔到今，冻饿不死。

压在五行山下的孙悟空受尽了苦楚，但苦难是一味良药，能够使人清醒，五百年地狱般的日子让孙悟空改变了心态，他幡然醒悟、真心悔过。心态决定命运。改变了心态，命运随即改变。这时，他生命中的第三位贵人——唐僧出现了，与其说是唐僧救了他，不如说是他的悔过之心救了他。

孙悟空拜唐僧为师父，之后与猪八戒、沙僧、小白龙组成了取经团队前往西天取经。为了利益众生，他们同舟共济、历尽艰辛，完成了使命，团队中的每个人也都修成正果，获得圆满。

《西游记》里有一首诗："人心生一念，天地尽皆知，善恶若无报，乾坤必有私。"讲的是人的内心产生的念头，无论善恶，天地都知道，善恶都是有因果报应的，若是没有相应的报应，那天地也是有自己的考量的。这告诉人们要有善心，行善道。我们要教育孩子一心向善，走正道，勿以善小而不为，勿以恶小而为之。

请把你对家庭教育的感悟写下来吧：

_____

_____

_____

_____

第三讲：
一代宗师——唐僧的家庭

　　唐僧的父亲和母亲的相识与成婚是个很老套的故事。唐僧的父亲陈光蕊考中状元，唐王御笔亲赐，跨马游街三日，正好遇到丞相殷开山的女儿殷温娇高结彩楼抛打绣球，陈光蕊从楼下经过，殷小姐看陈光蕊一表人才，又是新科状元，内心十分欢喜，就将绣球抛给了陈光蕊，二人顺理成章结为夫妻。之后，陈光蕊妻子到江州上任。

　　到了洪江渡口，他们上船过江。稍水刘洪看到他们家财丰厚，殷小姐又娇艳动人，便起了害人之心。他把船撑到没有人烟的地方，害死了家童和陈光蕊，把尸体推到水里，霸占了殷小姐，然后自己冒充陈光蕊，带着殷小姐到江州上任。

我们从名字上揣测一下吴承恩的用意，唐僧的父亲叫光蕊，"蕊"字含三个心，"三"代表"多"，暗示唐僧的父亲很聪明。但是自己新官上任，带着丰厚的家财和美貌的妻子，却只有一个家童随行，遇到不测也在情理之中。

唐僧的母亲叫殷温娇，又叫满堂娇，这个名字让人感到她是娇生惯养长大的。的确，生在相府富贵人家，全府上下都会宠爱她。她享尽人间宠爱，吃尽世间美味，然而过分的享受、过度的娇惯，使她就像温室里的花朵，遭遇不测却连自救的勇气都没有，只能忍受屈辱和苦难。

殷小姐心里痛恨刘洪，但自己已身怀有孕，只好勉强相从。到了江州后，生下一个男婴，就是唐僧。殷小姐清楚这不是刘洪的孩子，如若刘洪知道了必定会要他性命。她咬破手指写了张血书，将孩子的身世、父母姓名等都写在上面，又将孩子左脚的小指用口咬下，以做日后相认的印记。殷小姐把血书系在孩子的胸前，把他放在一块木板上，把木板推入江中。木板顺流而下，漂到了金山寺脚下，金山寺的长老法明和尚救起了孩子，他看到血书，明白孩子的来历，给孩子取名字叫江流。江流长到十八岁，法明长老叫他削发修行，并给他取法名玄奘。

后来，玄奘知道了自己父母的不幸遭遇，寻找到了母

亲，和母亲定下计策，又到洪州救助他的奶奶，这里有段
文字十分感人：

> 玄奘问："婆婆的眼，如何都昏了？"婆婆
> 道："我因思量你父亲，终日悬望，不见他来，因
> 此上哭得两眼都昏了。"玄奘便跪倒向天祷告道：
> "念玄奘一十八岁，父母之仇不能报复。今日领母
> 命来寻婆婆，天若怜鉴弟子诚意，保我婆婆双眼
> 复明！"祝罢，就将舌尖与婆婆舔眼。须臾之间，
> 双眼舔开，仍复如初。

玄奘的孝心和诚意感天动地。有人读完不以为然，说
怎么可能呢？"精诚所至，金石为开"。如果你做事不顺，
没有达到目标，那就先问问自己是否诚心诚意地对待这件
事？是否付出了自己全部的心血？

后来玄奘和外公殷丞相携手，将谋害陈光蕊的贼子一
网打尽，殷丞相和殷小姐带着玄奘到江边祭奠陈光蕊，不
想陈光蕊死而复生，书中写道：

> 光蕊道："皆因我与你昔年在万花店时，买放
> 了那尾金色鲤鱼，谁知那鲤鱼就是此处龙王。后
> 来逆贼把我推在水中，全亏得他救我。方才又赐

我还魂，送我宝物，俱在身上。更不想你生下这儿子，又得岳丈为我报仇。真是苦尽甘来，莫大之喜！"

唐僧不平凡的身世，注定他的一生非同一般。

善有善报，恶有恶报。我们平时要注意引导孩子存善心、结善缘，让善充满孩子的心田。行善积德要从小事情做起，比如爱护小动物，喂养小动物……家长引导孩子所做的"小善"，会对他产生潜移默化的影响，会帮助他逐渐形成正确的人生观、世界观。

请把你对家庭教育的感悟写下来吧：

_____

_____

_____

_____

_____

_____

_____

_____

_____

第四讲：

泾河龙王犯天条

　　《西游记》不仅是一部能指导人们取得成功的奇书，也是一部能指导中国家长培养孩子的家教书，它能够让我们领悟如何教育好孩子，帮助我们做个好父母。"泾河龙王犯天条"这个故事，孩子们都爱听，听完又很受益。由于五个版本的电视连续剧《西游记》都删掉了此章内容，所以孩子们不太熟悉这个故事，下面我先来讲一讲：

　　这个故事在《西游记》的第九回。大唐都城长安城外，有一条河叫泾河，河边住着两个贤人，一个是渔翁张稍，一个是樵夫李定，这两个人是好朋友，有一天，他们俩在饭馆吃完饭后顺着泾河边走边聊天，李定就问张稍，你下网捕鱼为什么总能百下百着？张稍趁着酒劲说出了一个大秘密。书中写道：

> 张稍道："你是不晓得。这长安城里，西门街上有一个卖卦的先生。我每日送他一尾金色鲤，他就与我袖占一课。依方位，百下百着。今日我又去买卦，他教我在泾河湾头东边下网，西岸抛钓，定获满载鱼虾而归。明日上城来卖钱沽酒，再与老兄相叙。"

长安城西门街上卖卦的先生袁守诚，专为人算命，据称能知阴阳，断生死。这人的来头也不简单，他是当朝钦天监台正先生袁天罡（唐代最著名的相师，中国相术大师，曾经发明了流传至今的称骨算命法）的叔父。俗话说，说者无心，听者有意。张稍和李定他们两个人的谈话被泾河水府的一个夜叉听到了，他赶紧将听到的内容报告给了泾河龙王。泾河龙王听到以后龙颜大怒，他化身为一个白衣秀士，潜入长安，去找袁守诚的麻烦。

袁守诚在长安西门繁华大街上卖卦，生意自然是十分兴隆，泾河龙王寻到卦摊前，本想当场发作，却被袁守诚清奇不凡的相貌所震慑。袁守诚不仅像诸葛亮一样能掐会算，还长得相貌出众、一表人才，于是他收起轻视之心，向袁守诚问了一卦。书中写道：

> 先生问曰："公来问何事？"龙王曰："请卜天上阴晴事如何。"先生即袖占一课，断曰："云迷山顶，雾罩林梢。若占雨泽，准在明朝。"龙王曰："明日甚时下雨？雨有多少尺寸？"先生道："明日辰时布云，巳时发雷，午时下雨，未时雨足，共得水三尺三寸零四十八点。"龙王笑曰："此言不可作戏。如是明日有雨，依你断的时辰、数目，我送课金五十两奉谢。若无雨，或不按时辰、数目，我与你实说：定要打坏你的门面，扯碎你的招牌，即时赶出长安，不许在此惑众！"先生忻然而答："这个一定任你。请了，请了，明朝雨后来会。"

泾河龙王认为自己身为司雨龙神，那凡人袁守诚怎么可能比自己还先知道天上下雨的时辰？这场赌赛，自己是赢定了。谁知刚回到泾河水府，天上便下令使次日长安降雨，降雨的时辰与水量和袁守诚所言分毫不差。他才知道世间真有如此通天晓地的能人，但他不肯服输，私下更改了降雨的时辰，又克扣了雨量。之后泾河龙王化为人形，将袁守诚的卦摊砸了个稀烂，还要袁守诚立即滚出长安城。可袁守诚却警告他，你是那泾河龙王，私改降雨时辰，克扣雨量，犯了天条，难逃死罪。泾河龙王慌了手脚，连忙跪倒在地，求袁守诚救命。袁守诚告诉他，他将被当朝丞相魏徵处斩，让他去唐王李世民处讨个人情，尚有生路一条。

泾河龙王拜谢袁守诚后赶到大唐皇宫，待子时潜入李世民梦中向他求救。唐王见他苦苦哀求便答应了他。翌日，唐王退朝之后，独留下魏徵一人，召入便殿，先议安邦之策，再论定国之谋，后又与魏徵弈棋，就是不放他出门以便救下泾河龙王，不料魏徵却趴在桌子上睡着了，在梦中斩了泾河龙王。

泾河龙王意气用事，滥用职权，触犯天条被斩，就连金口玉言的唐王李世民都救不了他。他的死是咎由自取，一点儿也不冤枉。泾河龙王的所作所为看似是一时冲动，偶然犯下的错误，但偶然的错误背后都会有着必然发生的原因。泾河龙王的心中没有"敬畏"，不懂得敬畏上天、遵从天条，不懂得敬畏能者，铤而走险害了自己性命。

子曰："君子有三畏：畏天命，畏大人，畏圣人之言。"我们要教育孩子心存敬畏之心。"敬"是"严肃、认真、恭敬"的意思，"畏"是"谨慎、不懈怠、小心翼翼"的意思。心怀敬畏之心，才能感悟到天地如此浩渺，万物皆有灵性。才能感到自己的渺小，从而生出谦卑之心、恭谨之心；才能明辨是非，懂得分寸，进退有度。

研读完本章内容，请你写下自己的感受吧：

_____

_____

_____

_____

_____

_____

_____

_____

_____

_____

_____

_____

_____

_____

_____

第五讲：
不幸又万幸的小白龙

　　小白龙吃了唐僧的马，自己便化成了唐僧的坐骑白龙马。他不畏艰难，忠心耿耿，心甘情愿地驮着唐僧一路向西，经过了宝象国、乌鸡国、车迟国、女儿国等，历经一十四年，度过了九九八十一难，把唐僧护送到了西天，取得了真经。在书中小白龙是这样讲述自己的经历的：

　　　　我是西海龙王敖闰之子。因纵火烧了殿上明珠，我父王表奏天庭，告了忤逆。玉帝把我吊在空中，打了三百，不日遭诛。望菩萨搭救，搭救。

　　小白龙说得很简单，然而这不可能是一个简单的突发事件，应该是父子长期不和、矛盾日积月累导致的结果。小白龙应该像我们现实生活中的大部分孩子一样，淘气、贪玩，有时候还会惹出一些祸端来，所以西海龙王一直都对他不满，肯定也会严厉地管教他。但孩子自律能力没有那么好，小白龙应该是屡屡犯错，西海龙王是一忍再忍。这一次，小白龙居然纵火烧了殿上明珠，西海龙王忍无可忍，才表奏天庭，告他忤逆。

　　天底下的父母都是爱自己孩子的，看到孩子不听话，先是批评教育，后来发现孩子依然我行我素，不改正，有可能还会进行体罚。西海龙王认为小白龙纵火烧了殿上明珠，这是不可饶恕的过错，因而恼羞成怒，表奏天庭，告他忤逆，让玉帝来惩处他。西海龙王的做法也是极端的，正所谓爱之深才恨之切。

　　小白龙像天下所有的孩子一样，不喜欢被约束、被管教，总是犯错，这一次又烧了殿上的明珠，受到天庭处置：吊在空中，打了三百，不日遭诛。他也实在是很可怜。

　　那么，当孩子没有达到我们的要求，没有按照我们的心意去做事时，你会不会恼怒呢？例如你一心想让孩子有个好成绩，可孩子就是不愿意学习，你会不会生气呢？你想让孩子和你一样，也成为公务员，成为部门领导，可孩子就是想做面包师或者音乐人，你会接受吗？

作为家长，虽然我们有教育孩子的责任，但是我们要知道，他们还是孩子，还没有形成健全的人格，意志力比较薄弱，不能很好地控制自己的言行，所以才会不断犯错。我们要以宽容之心对待孩子，他们做错事，我们要用正确的方式引导他们改正错误，而不是简单粗暴地体罚他们，这样做只会适得其反。

同时，我们要尊重孩子自身意愿，孩子是独立的个体，有自己的思想，我们可以和他沟通，相互之间像朋友一样去探讨问题，试着去理解他，而不是强行向他灌输我们自己的思想。

虽然小白龙摊上这样脾气暴躁的父亲很不幸，但是他并没有死。他得到了观音菩萨的点化而皈依佛门。书中写道：

> 观音闻言，即与木叉撞上南天门里。早有邱、张二天师接着，问道："何往？"菩萨道："贫僧要见玉帝一面。"二天师即忙上奏。玉帝遂下殿迎接。菩萨上前礼毕道："贫僧领佛旨上东土寻取经人，路遇孽龙悬吊，特来启奏，饶他性命，赐与贫僧，教他与取经人做个脚力。"五帝闻言，即传旨赦宥，差天将解放，送与菩萨。菩萨谢恩而出。

这小龙叩头谢活命之恩，听从菩萨使唤。菩萨把他送在深涧之中，只等取经人来，变做白马，上西方立功。小龙领命潜身不题。

小白龙在鹰愁涧等候唐僧，但是他不认识唐僧，吃掉了唐僧的马，自己只能变成白龙马。犯了错误自己承担后果，这也是因果。小白龙等到了取经人，成为其中的一员，从此以后跋山涉水，护送唐僧前往西天取经。

在书中第三十回，唐僧被妖怪变成老虎囚禁起来，此时孙悟空已经被撵走，沙僧被擒，猪八戒嚷着要散伙，小白龙不忘使命，挺身而出，他明明知道自己打不过黄袍怪，还要奋力一搏。并且他让猪八戒去花果山，请回孙悟空，最后成功地扭转了局面。小白龙性情温润和善，人品高尚，具有君子风范。他那坚定的信念和遇事时的全局观念，值得人们敬佩与学习。

小白龙与孙悟空相比，有着许多不同之处：孙悟空是草根出身，无父无母，没有社会关系和地位；小白龙出身于龙族，有一定的社会地位和社会关系。出身和社会地位的不同也导致两个人的个性也不同：孙悟空高傲自负、桀骜不驯；小白龙谦虚谨慎、默默无闻。相同的是，他们都犯下罪孽，都需要在取经途中经历劫难、建下功业，才能获得圆满成功。

　　从家庭教育这个角度来看，小白龙是非常可怜的一个孩子。他的父亲在他犯错时向天庭告他忤逆大罪，要置他于死地，这样的行为断送了父子之情。幸得菩萨相救，小白龙有了保命翻身的机会。在取经途中，他从不抱怨，兢兢业业，默默奉献。我们要教育孩子学习小白龙这种精神。

　　在现实生活中，我们是否能够在物质上为孩子提供优越的条件并不是最重要的，孩子最需要的是父母的爱，父母的包容、理解、支持。家长一味地打骂孩子，侮辱孩子，伤害孩子的自尊心、自信心，对他们的伤害是刻骨铭心的，是无法弥补。希望所有的父母都能够以正确的方式教育孩子，希望所有的孩子都能感受到父母真正的爱，健康成长。

　　研读完本章内容，请你写下自己的感受吧：

_____

_____

_____

_____

_____

_____

第六讲：

为什么黑熊怪没有被打死？

在《西游记》第十六回，唐僧师徒来到观音禅院，孙悟空向老院主卖弄唐僧的锦襕袈裟，使老院主起了贪心，想要把袈裟据为己有。寺里的小和尚给他出主意，要把唐僧师徒烧死，得到众人的赞同。但袈裟却在大火中被黑风洞里的妖精偷走了。书上是这样写的：

妖精大惊道："呀！这必是观音院里失了火！这些和尚好不小心！我看时，与他救一救来。"好妖精，纵起云头，即至烟火之下，果然冲天之火，前面殿宇皆空，两廊烟火方灼。他大拽步，撞将进去，正呼唤叫取水来，只见那后房无火，房脊上有一人放风。他却情知如此，急入里面看时，见那方丈中间有些霞光彩气，台案上有一个青毡包袱。他解开一看，见是一领锦襕袈裟，乃佛门之异宝。正是财动人心，他也不救火，他也不叫水，拿着那袈裟，趁哄打劫，拽回云步，径转东山而去。

黑熊怪看到观音禅院里着了火，急忙跑来救火，说明他是仗义的，但是看到锦襕袈裟后，也起了贪念，他趁火打劫，偷走了袈裟。

有的家长在家里把钱随便乱放，被孩子看到了，孩子有可能会把它拿走。孩子们都知道钱是好东西，当他需要钱而你又不给的时候，他就可能去拿。这是我们做家长的疏忽大意，没有妥善保管好钱，给了他们机会犯错。其次，出现这种情况我们就要严肃地对待，给孩子讲清道理，让他明白不是自己的东西不能随便乱动，必要时还要有一些惩罚措施，让他记住教训。

在书中观音菩萨对孙悟空说：

　　"这猴子，说话这等无状！既是熊精偷了你

　　的袈裟，你怎来问我取讨？都是你这个孽猴大胆，将宝贝卖弄，拿与小人看见，你却又行凶，唤风发火，烧了我的留云下院，反来我处放刁！"

　　若是孙悟空没有卖弄袈裟，妥善地保存好它，那么这些波折都不会发生。

　　观音禅院上好的袈裟足有七八百件，而老院主已经有二百七十岁了，本不该生起贪念，可是他却贪心不足，一心想占有锦襕袈裟，最后袈裟被偷走，寺院禅房被烧，多年积攒的家当被烧毁，羞愧万分，进退无方，只能一头撞死。所以说贪是百毒之首，贪心生杀心，害人又害己。

　　"贪"和"贫"这两个字，不仅字形十分相近，意义上也是有联系的。贪得无厌的结果，并不是富有，是一贫如洗，甚至连命都没了。贪来的东西，一旦东窗事发，必然会失去。我们的祖先是很有智慧的，造出的汉字意义深刻，使人警醒。

　　锦襕袈裟不见了，孙悟空寻找袈裟，来到了黑风山。看到那黑熊怪变成的黑汉，正在告诉他的朋友，后日是其母难日。母难日就是指他自己的生日，他不说生日而说母难日，说明他是一个孝子。书中这样写道：

　　那黑汉笑道："后日是我母难之日，二公可

光顾光顾？"白衣秀士道："年年与大王上寿，今年岂有不来之理？"黑汉道："我夜来得了一件宝贝，名唤锦襕佛衣，诚然是件玩好之物。我明日就以他为寿，大开筵宴，邀请各山道官，庆贺佛衣，就称为'佛衣会'如何？"

"百善孝为先"，黑熊怪因为有孝心，不仅没有丢掉性命，还被观音菩萨收编，做了守山大神。一只黑熊都有如此孝心，我们人类难道还不如它吗？

"孝"字上为"老"，下为"子"，意思是子能承其亲，并能顺其意。孝是人伦道德之本，是中华民族的传统美德。童蒙读物《弟子规》开篇就写道："首孝悌，次谨信，泛爱众，而亲仁，有余力，则学文。"提出在日常生活中，首先要做到孝敬父母。我国孝道文化包括敬养父母、生育后代、推恩及人、忠孝两全、缅怀先祖等，是一个由个体到群体，包括修身、齐家、治国、平天下的逐渐延展攀高的人生追求。身为子女，首先要懂得孝敬父母，孝敬长辈，这是做人的基本准则，然后才能学习圣贤之学，才能齐家、治国、平天下。

请你谈谈自己的感受吧：

_____

_____

_____

_____

_____

_____

_____

_____

_____

_____

_____

_____

_____

_____

_____

_____

_____

第七讲：

金角大王、银角大王一家

在《西游记》书中第三十二回，唐僧师徒来到了平顶山前，这里的平顶山，不是我们现在地图上的平顶山，也不是因为其山顶平坦而得名。此处的平顶山代表着金角大王、银角大王的贪欲到了顶点，为什么这样说呢？大家看书中樵子所说：

和尚不要调嘴。那妖怪随身有五件宝贝，神通极大极广。就是擎天的玉柱，架海的金梁，若保得唐朝和尚去，也须要发发昏哩。

　　樵子所说的妖怪就是金角大王和银角大王两兄弟，他们有五件宝贝，随身带着。普通人一件也没有，而他们有五件宝贝，可想而知，他们家肯定是金银成堆，但是他们还不满足。他们二人头上长角，也是其贪婪的心性的象征。

　　书中的二魔头银角大王，能看到别人头上的气体，还能通过辨别别人头上的气体来识人，你说该有多厉害呀！书中写道：

　　　　正走处，只见祥云缥缈，瑞气盘旋，二魔道："唐僧来了。"众妖道："唐僧在那里？"二魔道："好人头上祥云照顶，恶人头上黑气冲天。那唐僧原是金蝉长老临凡，十世修行的好人，所以有这祥云缥缈。"

　　那么，金角大王、银角大王两兄弟头上的气体是什么样子的？应该是又黑又臭的污秽之气吧！

　　金角大王、银角大王诡计多端，先是抓住了不认真工作、说谎偷懒的猪八戒，之后银角大王又变成一个受伤的老道骗过了唐僧，然后又搬来三座大山压住孙悟空，抓走了唐僧、白龙马和沙僧。孙悟空被压后伤心不已，书中写道：

厉声叫道："师父阿！想当时你到两界山，揭了压帖，老孙脱了大难，秉教沙门。感菩萨赐与法旨。我和你同住同修，同缘同相，同见同知。怎想到了此处，遭逢魔瘴，又被他遣山压了。可怜，可怜！你死该当，只难为沙僧、八戒与那小龙化马一场！这正是树大招风风撼树，人为名高名丧人！"叹罢，那珠泪如雨。

大家都喜欢孙悟空，因为他本领高强。但本领越大责任越大，孙悟空为了护送取经团队到达西天，完成这份伟大的事业，遭遇多少困难？付出了多少心血？此时却落到如此境地，他能不伤心落泪吗？真是"男儿有泪不轻弹，只是未到伤心处"。

孙悟空变成小妖怪，去请金角大王和银角大王的母亲。走到洞口时，他自己哭了起来。书中这样写道：

孙大圣见了，不敢进去，只在二门外仰着脸，脱脱的哭起来。你道他哭怎的，莫成是怕他？就怕也便不哭，况先哄了他的宝贝，又打死他的小妖，却为何而哭？他当时曾下九鼎油锅，就楔了七八日也不曾有一点泪儿。只为想起唐僧取经的苦恼，他就泪出痛肠，故此便哭。心却想道："老孙既显手段，变做小妖，来请这老怪，没有个直直的站了说话之理，一定见他磕头才是。我为人做了一场好汉，止拜了三个人：西天拜佛祖，南海拜观音，两界山师父救了我，我拜了他四拜。为他使碎六叶连肝肺，用尽三毛七孔心。一卷经能值几何？今日却教我去拜此怪。若不跪拜，必定走了风讯。苦啊！算来只为师父受困，故使我受辱于人！"

"玉不琢不成器""小不忍则乱大谋"。学会忍耐才能做大事。孙悟空学会了忍辱，这是源自他对成功的渴望，他战胜了自我，锤炼了自己的意志。走向成功的过程，离不开忍耐和坚持，想成就一番事业，除了要具备诸多良好的品格和杰出的素质，尤其要学会忍耐。司马迁忍辱写《史记》，晋文公忍辱成为春秋五霸之一，伍子胥忍辱报仇恨，韩信忍胯下之辱，最后打败西楚霸王……中国历史上有许多这样的故事，家长可以讲给孩子听。

金角大王、银角大王的母亲是一只九尾狐狸，她满身珠光宝气，耳上戴着黄金嵌宝环，住在压龙山压龙洞。九尾狐狸给人的印象是狐媚狡诈，暗指她心眼多，精于算计，爱耍小聪明，这样的母亲教出的孩子的也不会有多大的气度。她的压龙山压龙洞压住了自己孩子的善良的本性，压制了孩子的远大志向，他们只知道钱财越多越好，为了财富他们可以坑蒙拐骗、不择手段，他们作恶多端，使得自己头上黑气冲天，把山上的树木都熏染成了黑色。这个九尾狐狸在书中被称为老怪，当老怪听说自己的孩子要请客吃饭时心中大喜，马上要坐轿子赶往平顶山莲花洞，几个小妖也要跟着走。书中写道：

> 那老怪道："你们来怎的？我往自家儿子去处，愁那里没人伏侍，要你们去献勤塌嘴？都回去！关了门看家！"

那几个小妖就都回去了，只有两个抬轿的和老怪一起去。看看这个母亲多么有心机、精于算计。去儿子家吃饭，除了两个抬轿子的小妖，一个闲人都不带，这真是"聪明反被聪明误"，算来算去算计了自己。孙悟空收拾起她来不费吹灰之力，轻而易举就打死了她。

目光短浅、精于算小账的母亲，教出的孩子也会胸无大志、贪图小利。在这里我奉劝各位家长，不要要小聪明，在单位、家里都是如此，尤其是不要在孩子跟前要小聪明，会对他们产生不利的影响。那么，我们该如何去做呢？我有如下建议：

　　首先，我们自己要帮助别人，多做善事，给孩子树立一个好榜样。孩子们自然会向我们学习，久而久之，他自己就会懂得要一心向善，就会帮助别人。

　　其次，培养孩子的责任心和使命感。责任心和使命感源自孩子对父母的感恩，源自父母对其进行爱的熏陶。孩子懂得感激父母，回报父母，他们的心中也有了一种责任感和使命感。

　　请你谈谈自己的感受吧：

_____

_____

_____

_____

_____

_____

_____

_____

_____

_____

_____

第八讲：

牛魔王的独生子——红孩儿

　　牛魔王一家人是在唐僧师徒西天取经的路途中，一个一个被引出来描写的。取经团队走到枯松涧，遇到了牛魔王的儿子——红孩儿。红孩儿天天在这儿等候唐僧，目的是吃唐僧肉，以便长生不老。他看到唐僧的徒弟们各执兵器守护着唐僧，不敢轻敌。书中第四十回写道：

　　　　沉吟半晌，以心问心的自家商量道："若要倚势而擒，莫能得近；或者以善迷他，却到得手。但哄得他心迷惑，待我在善内生机，断然拿了。

且下去戏他一戏。"

这说明红孩儿智商高，擅长谋略。后来他得知孙悟空等要去请观音菩萨，他就变作假观音将猪八戒骗了去。其后，孙悟空变作牛魔王混进红孩儿的洞里去，只因为孙悟空说了一句"吃斋"，红孩儿就立即警惕起来，怀疑有诈，便向他询问自己的"生辰八字"来试探真假，最终识破孙悟空的计策。红孩儿足智多谋，可惜他心生邪念，不走正道，纠结一群"不良少年"，祸害百姓，作恶多端。

俗话说"兔子不吃窝边草"，强盗打家劫舍一般要到远处作案，红孩儿依仗自己有三昧真火，危害四邻。书中写道：

　　众神道："他也不在山前山后。这山中有一条涧，叫做枯松涧，涧边有一座洞，叫做火云洞。那洞里有一个魔王，神通广大，常常的把我们山神、土地拿了去，烧火顶门，黑夜与他提铃喝号，小妖儿又讨甚么常例钱。"行者道："汝等乃是阴鬼之仙，有何钱钞？"众神道："正是没钱与他，只得捉几个山獐、野鹿，早晚间打点群精。若是没有相送，就要打折庙宇，剥衣裳，搅得我等不得安生！万望大圣与我等剿除此怪，拯救山上生灵！"

红孩儿目光短浅、狂妄自大、心狠手辣，使周围的生灵深受其害。恶贯满盈必然会激起民愤，他们纷纷请求孙悟空严惩红孩儿。多行不义必自毙，以红孩儿为头目的团伙被消灭是迟早的事，即使不是孙悟空，也会有其他人来治理他们。

红孩儿猖狂邪恶，胡作非为，是他的家庭教育缺失造成的。他的父亲牛魔王见钱眼开、寡廉鲜耻，入赘摩云洞，忙于享乐；母亲铁扇公主，不懂得如何教育孩子，只是一味护短，只要孩子不吃亏，放任其在外面为非作歹。这样的父母怎么能培养出好孩子？

再看孙悟空自从跟随师父去西天取经，见识也多了，阅历也丰富了，心态也改变了，气度也不一样了。因为孙悟空曾经和牛魔王结拜成兄弟，所以他对红孩儿有着长辈对晚辈的感情，其态度诚恳谦和，语气和蔼可亲，喊红孩儿为贤侄。书中写道：

行者近前笑道："我贤侄莫弄虚头，你今早在山路傍，高吊在松树梢头，是那般一个瘦怯怯的黄病孩儿，哄了我师父。我倒好意驮着你，你就弄风儿把我师父摄将来。你如今又弄这个样子，我岂不认得你？趁早送出我师父，不要白了面皮，失了亲情。恐你令尊知道，怪我老孙以长欺幼，不相模样。"那怪闻言，心中大怒，咄的一声喝道："那泼猴头！我与你有甚亲情？你在这里满口胡柴，绰甚声经儿！那个是你贤侄？"行者道："哥哥，是你也不晓得。当年我与你令尊做弟兄时，你还不知在那里哩。"那怪道："这猴子一发胡说！你是那里人，我是那里人，怎么得与我父亲做兄弟？"行者道："你是不知。我乃五百年前大闹天宫的齐天大圣孙悟空是也。我当初未闹天宫时，遍游海角天涯，四大部洲，无方不到。那时节专慕豪杰。你令尊叫做牛魔王，称为平天大圣，与我老孙结为七兄弟，让他做了大哥；……惟有老孙身小，称为齐天大圣，排行第七。我老弟兄们那时节耍子时，还不曾生你哩！"那怪物闻言，那里肯信，举起火尖枪就刺。

然而红孩儿根本就不讲什么亲情，他不信孙悟空说的一番话，他根本也不想听，也不愿认孙悟空，因为他知道认了孙悟空这个叔叔，就应该放了唐僧，他一心想吃唐僧肉，现在肉到嘴边了，岂能放弃？

红孩儿是牛魔王和铁扇公主的独生子，他具有许多独生子女都会有的脾气和秉性：自私自利、任性霸道、目中无人、唯我独尊、不讲道理。他根本就不管对方是谁，自己要吃唐僧肉谁都不能阻拦，想方设法都要达到目的。孙悟空与他攀亲时，他根本不承认，不由分说举枪冲着孙悟空刺去。后来他被观音菩萨的莲花坐刀降伏，观音菩萨一收刀，他又举枪要刺观音菩萨，直到观音菩萨给他套了金箍儿，念了"金箍儿咒"，他才彻底被降服。最后还要一步一叩头，一直拜到落伽山。书中写道：

却说那童子野性不定，见那腿疼处不疼，臀破处不破，头挽了三个揪儿，他走去绰起长枪，望菩萨道："那里有甚真法力降我！原来是个掩样术法儿！不受甚戒！看枪！"望菩萨劈脸刺来。狠得个行者轮铁棒要打。菩萨只叫："莫打，我自有惩治。"却又袖中取出一个金箍儿来道："这宝贝原是我佛如来赐我往东土寻取经人的'金紧禁'三个箍儿。紧箍儿先与你戴了，禁箍儿收了守山大神。这个金箍儿，未曾舍得与人，今观此怪无礼，与他罢。"好菩萨，将箍儿迎风一幌，叫声："变！"即变作五个箍儿，望童子身上抛了去，喝声："着！"一个套在他头顶上，两个套在他左右手上，两个套在他左右脚上。菩萨道："悟空，走开些，等我念念《金箍儿咒》。"行者慌了道："菩萨哑，请你来此降妖，如何却要咒我？"菩萨道："这篇咒，不是《紧箍儿咒》咒你的，是《金箍儿咒》，咒那童子的。"行者却才放心，紧随左右，听得他念咒。菩萨捻着诀，默默的念了几遍，那妖精搓耳揉腮，攒蹄打滚。……

却说那菩萨念了几遍，却才住口，那妖精就不疼了。又正性起身看处，颈项里与手足上都是金箍，勒得疼痛，便就除那箍儿时，莫想褪得动分毫，这宝贝已此是见肉生根，越抹越痛。行者笑道："我那乖乖，菩萨恐你养不大，与你戴个颈圈镯头哩。"那童子闻此言又生烦恼，就此绰起枪来，望行者乱刺。行者急闪身，立在菩萨后面，叫："念咒！念咒！"那菩萨将杨柳枝儿蘸了一点甘露，洒将去，叫声："合！"只见他丢了枪，一双手合掌当胸，再也不能开放，至今留了一个"观音扭"，即此意也。那童子开不得手，拿不得枪，方知是法力深微，没奈何，才纳头下拜。

……（菩萨）对行者道："悟空，这妖精已是降了，却只是野心不退，等我教他一步一拜，只拜到落伽山，方才收法。……"

后来红孩儿成了观世菩萨身边的善财童子，得以修得正果。

孙悟空帮助牛魔王夫妇教育了红孩儿，又帮助红孩儿得了好结果，可以说是牛魔王一家的贵人。但是牛魔王他们一家子都不是这样想的。牛魔王和他老婆铁扇公主，在红孩儿被观音菩萨收下做了善财童子后，不仅不反省自己没有教育好孩子，使他危害一方，反而对孙悟空恨之入骨，认为是孙悟空害了红孩儿。真是执迷不悟啊！

红孩儿的故事告诉我们，家教要从儿童抓起。童蒙养正、少年养志。孩子能否成才，取决于后天的教育是否得法。我们要教育孩子：不贪心，不是自己的东西不能要；不发火，有话好好讲，知书达理有礼貌；不说谎，诚实守信，不欺骗别人；不自私，心中有爱，乐于助人。

再富不能富孩子，再穷不能穷教育。古人也讲"至要莫若教子"。希望家长们都能意识到家庭教育的重要性，培养出优秀的孩子。

你有何感想？写下来吧：

_____

_____

_____

第九讲：

龙王父子大不同

在书中第四十三回，唐僧师徒来到黑水河边，因着急赶路，不慎上了黑水河鼍龙的当，唐僧和猪八戒被鼍龙抓到水底，沙僧前去讨要，那妖怪喝道：

"是甚人在此打我门哩？"沙僧道："我把你个无知的泼怪！你怎么弄玄虚变作梢公，架舡将我师父摄来？快早送还，饶你性命！"那怪呵呵笑道："这和尚不知死活！你师父是我拿了，如今要蒸熟了请人哩！你上来与我见个雌雄！三合敌

得我呵，还你师父；如三合敌不得，连你一发都
蒸吃了，休想西天去也！"

妖怪呵呵地笑，他为什么笑呢？是因为他使用阴谋诡
计得逞，轻而易举就抓到了唐僧和猪八戒，所以他很得意。
他不知天高地厚，向沙僧叫板，要一决胜负。那么，这个
妖怪有何来历呢？书中写道：

（西海龙王）叩头道："大圣恕罪！那厮是舍
妹第九个儿子。因妹夫错行了风雨，刻减了雨数，
被天曹降旨，着人曹官魏徵丞相梦里斩了。舍妹
无处安身，是小龙带他到此，恩养成人。前年不
幸，舍妹疾故，惟他无方居住，我着他在黑水河
养性修真。不期他作此恶孽，小龙即差人去擒他
来也。"

原来他是泾河龙王的第九个儿子。在所有的孩子里边，
父母往往最疼爱最小的儿子。不过，许多时候越是父母疼
爱有加的孩子越不成器，过度地宠溺孩子犹如害子！

小鼍龙原本是有身份的龙族子孙，因为父亲知法犯法
被杀，沦落成了一个普通老百姓，他肯定不愿意一辈子平
凡普通，就自己创业，自立门户，这无可厚非，但是创业

要走正道，要通过艰苦奋斗获得成功，可是小鼍龙是怎么做的呢？他先是霸占了河神的府第，又把唐僧抓住要蒸着吃掉。他如此胆大妄为、无法无天，是缺少家教导致的结果，比起他父亲泾河龙王有过之而无不及，最后他恶有恶报，也在情理之中。很遗憾，小鼍龙没有感念母亲的养育之恩，没有感谢舅舅的教诲，也忘记了他的父亲犯下罪孽遭受灭顶之灾的教训。

我们做父母的在家庭教育中，要培养孩子的是非观念、善恶观念。告诉孩子害人之心不能有，要遵纪守法，不能做坏事，做了坏事就会受到惩罚，谁也救不了你。

西海龙王让太子摩昂带领五百虾兵蟹将，到黑水河捉拿小鼍龙。摩昂先是用军威震慑小鼍龙，再对他进行规劝，但没有成功，最后摩昂用武力制服了他。书中写道：

> 太子道："原来是你不知！他还有一个大徒弟，是五百年前大闹天宫上方太乙金仙齐天大圣，如今保护唐僧往西天拜佛求经，是普陀岩大慈大悲观音菩萨劝善，与他改名，唤做孙悟空行者。你怎么没得做，撞出这件祸来？他又在我海内遇着你的差人，夺了请帖，径入水晶宫，拿捏我父子们有结连妖邪、抢夺人口之罪。你快把唐僧、八戒送上河边，交还了孙大圣，凭着我与他陪礼，

你还好得性命；若有半个'不'字，休想得全生居于此也！"

那怪鼍闻此言，心中大怒道："我与你嫡亲的姑表，你倒反护他人！听你所言，就教把唐僧送出。天地间那里有这等容易事也！你便怕他，莫成我也怕他？他若有手段，敢来我水府门前，与我交战三合，我才与他师父，若敌不过我，就连他也拿来，一齐蒸熟，也没甚么亲人，也不去请客，自家关了门，教小的们唱唱舞舞，我坐在上面，自自在在，吃他娘不是！"太子见说，开口骂道："这泼邪果然无状！且不要教孙大圣与你对敌，你敢与我相持么？"那怪道："要做好汉，怕甚么相持！"教："取披挂！"呼唤一声，众小妖跟随左右，献上披挂，捧上钢鞭。他两个变了脸，各逞英雄；传号令，一齐擂鼓。

有勇有谋的摩昂太子擒获了小鼍龙，将他交给孙悟空处置。孙悟空知道小鼍龙是西海龙王的亲戚，他顾及与西海龙王的交情，又看到摩昂一身正气，全力帮助自己，因此饶恕了小鼍龙，小鼍龙看到大势已去，赶紧见风使舵，叩头求饶，感谢孙悟空的不杀之恩，并且要去水府里将唐僧、猪八戒放出来，让孙悟空解开他的铁锁。这时的摩昂没有放松警惕，书中写道：

> 摩昂在傍道："大圣，这厮是个逆怪，他极奸诈，若放了他，恐生恶念。"沙和尚道："我认得他那里，等我寻师父去。"
>
> ……
>
> 摩昂进礼道："大圣，小龙子不敢久停。既然救得师父，我带这厮去见家父。虽大圣饶了他死罪，家父决不饶他活罪，定有发落处置，仍回复大圣谢罪。"

小鼍龙以强凌弱，霸占别人的财产，又贪心想吃唐僧肉，迟早会被法律制裁的。他不仅辜负了父母、舅舅的期望，还让家族兄弟蒙羞，庆幸的是，小鼍龙年少，还有机会痛改前非，重新做人。"人非圣贤，孰能无过，过而能改，善莫大焉"。《弟子规》也说道："过能改，归于无；倘掩饰，增一辜。"犯了错误能够及时改正，这是大善。希望小鼍龙在以后的日子里，修身养性，奋发图强，做一个堂堂正正的好男儿。

太子摩昂有勇有谋，做人做事进退有度、礼仪周全。泾河龙王和小鼍龙父子，西海龙王和摩昂父子，同样都是龙族，但脾气秉性、为人处世方式迥然有别，他们的境遇也就大不相同。西海龙王教子有方，有此接班人，将来可尽享幸福晚年了！

电视上曾有过这样一则令人难忘的公益广告：一个小男孩透过门缝看到自己的母亲在给家里的长辈洗脚，于是，他也端来了一盆水，要给母亲洗脚。

父母总是受到孩子的关注，无论说什么、做什么，都会对孩子的成长产生深刻的影响。在孩子天真无邪的世界里，父母的言行永远占据着相当重要的位置，在他们的潜意识里会以父母为榜样，把父母的举动复制到自己身上。

父母若是特别讲究卫生，孩子也会干净整洁；父母若经常说脏话、粗话，孩子也会脏话连篇；父母若性格开朗，孩子也会积极乐观；父母若孝敬长辈、爱护幼童，孩子也会尊老爱幼；父母若善良友爱，孩子也会满怀爱心；父母若积极进取，孩子也会努力奋斗；父母若坚强勇敢，孩子也会内心强大，对未来充满信心……

作为父母，我们应该注意以下两点：

一、懂得及时反省自己

当你发现孩子口不择言时，你应该想一想，问题的症结是否就出在自己身上？孩子难免会犯错，但他们的错误也有可能来自对父母的模仿。

二、以身作则，树立好榜样

作为父母，我们要让孩子看到我们相亲相爱、相互理解、相互包容、互相信任的幸福画面；看到我们认真读书、勤奋工作的身影；看到我们伸出援手、帮助别人的良好形象；看到我们孝敬长辈、团结亲友的美好场景……让我们从现在开始，把自己打造得越来越好，从而引导我们的孩子变得更加优秀。

请你谈谈自己的感受吧：

第十讲：

陈澄、陈清行善改命

  《西游记》这部书分上、下两册，书的第四十七回——"圣僧夜阻通天水　金木垂慈救小童"这一章，正好是全书的一半，是上册的结束，下册的开始。

  在这一回，唐僧取经团队来到了"通天河"，想要在一个老者家借宿一晚，唐僧跟老者说，自己来自东土大唐，要去西天取经，此时老者的反应是：

    那老者摇手道："和尚，出家人休打诳语。东

  土大唐，到我这里，有五万四千里路，你这等单

身，如何来得？"

长安距离西天的距离是十万八千里，他们走了五万四千里，正好走了一半。来时路上已经遭遇各种艰难险阻，未来的道路也会磨难重重，此时若要放弃，就前功尽弃了。就像足球比赛，上半场的战绩不是最后结果，最终胜负还在下半场，下半场还要再接再厉，才能获得最后的成功。相比上半场，下半场距离终场更近，时间更紧，如果出错可能连改正的时间都没有。所以，更要小心行事。

唐僧师徒在老者家里用了斋饭后，与老者闲聊，书中写道：

老者捶胸道："……这个是我舍弟，名唤陈清。老拙叫做陈澄。我今年六十三岁，他今年五十八岁，儿女上都艰难。我五十岁上还没儿子，亲友们劝我纳了一妾，没奈何，寻下一房，生得一女。今年才交八岁，取名唤做一秤金。"八戒道："好贵名！怎么叫做一秤金？"老者道："我因儿女艰难，修桥补路，建寺立塔，布施斋僧，有一本帐目，那里使三两，那里使四两，到生女之年，却好用过有三十斤黄金。三十斤为一秤，所以唤做一秤金。" 行者道："那个的儿子么？"老者道："舍弟有个儿子，也是偏出，今年七岁了，取名唤做陈关保。"行者问："何取此名？"老者道："家下供养关圣爷爷，因在关爷之位下求得这个儿子，故名关保。……"

哥哥陈澄，尊奉佛教，一直在做善事，这里布施三两，那里用去五两，到生女那一年，布施的钱财加起来，整整三十斤黄金，所以给他女儿取名字为"一秤金"。弟弟陈清家里供养的是关圣爷爷，因在关爷之位下求的儿子，所以给儿子取名为陈关保。

陈澄、陈清两兄弟本来命里没有孩子的，但他们兄弟两个人没有自怨自艾，而是长年累月行善积德，他们修桥补路、布施斋僧，还供奉关圣爷爷。孟子说："行有不得，反求诸己。"这两兄弟就是如此做的，见自己命中无儿女，认为是自己德行不够，就勤劳持家，行善积德。多年积善终有报，兄弟两个人最后都有了可爱的孩子。

不管是佛教还是道教，都是劝人行善的。善有善报，恶有恶报，这就是因果报应，因果是自然法则，是宇宙之道。"种瓜得瓜，种豆得豆，万法皆空，唯有因果不空。"

通天河里的妖怪用法术让天降大雪，河水结冰，书中写道：

　　三藏问道："施主，那些人上冰往那里去？"
陈老道："河那边乃西梁女国。这起人都是做买卖
的。我这边百钱之物，到那边可值万钱；那边百钱
之物，到这边亦可值万钱。利重本轻，所以人不顾
死生而去。常年家有五七人一船，或十数人一船，
飘洋而过。见如今河道冻住，故舍命而步行也。"
三藏道："世间事惟名利最重。似他为利的，舍死
忘生。我弟子奉旨全忠，也只是为名，与他能差几
何！"

　　世间人追求名利如同在冰上行走，必须时时小心翼翼、
谨慎警惕。那么，人生在世，名利到底争不争？告诉孩子，
争其必然、得之坦然、失之淡然，不可走火入魔。

　　有一只千年老鼋为了报答孙悟空抓住妖怪、使他重得
洞府之恩，执意要送唐僧师徒过河。书中写道：

　　老鼋道："不劳师父赐谢。我闻得西天佛祖无
灭无生，能知过去未来之事。我在此间，整修行了
一千三百余年；虽然延寿身轻，会说人话，只是难
脱本壳。万望老师父到西天与我问佛祖一声，看我
几时得脱本壳，可得一个人身？"

你看，这只老鼋修行了一千三百余年，一心想变成人。我们能够生而为人，是多么不容易，所以我们每个人都应该珍惜自己的生命，好好生活。

因果法则真实不虚，没有因哪来的果？没有用心地付出，没有努力地奋斗，哪来的收获？哪里有成功可言？从因到果需要时间和条件，一旦时间到了，条件具备了，就会有结果。不论善因还是恶因，因小而果大，这是宇宙的法则，是自然之道。

现在某些人种菜滥用农药，种菜人自己不吃；养殖家禽家畜，滥用添加剂和激素，养殖者自己也不吃。可是，如果所有的菜农、养殖者或是其他生产制造食物的商家都在做着这样危害人们健康的事情，我们每个人包括我们的孩子，都会不可避免地食用这些有问题的食物，他们自己和其家属也不例外，真是害人者终将害己。现在我们国家食品安全问题有多严峻，想必各位朋友心里都清楚。无论你从事什么行业、地位高低、年龄大小，都要从自己做起，多做好事，不要为恶。

请你写下自己的感受吧：

_____

_____

_____

第十一讲：

牛魔王之妻——铁扇公主

在书中第六十回，唐僧师徒来到了八百里火焰山下。火焰山的来历和孙悟空大闹天宫有关系。书中写道：

土地道："不是，不是。大圣若肯赦小神之罪，方敢直言。"行者道："你有何罪？直说无妨。"土地道："这火原是大圣放的。"行者怒道："我在那里，你这等乱谈！我可是放火之辈？"土地道："是你也认不得我了。此间原无这座山，因大圣五百年前大闹天宫时，被显圣擒了，压赴老君，将大圣安于八卦炉内，煅炼之后开鼎，被你登倒丹炉，落了几个砖来，内有余火，到此处化为火焰山。我本是兜率宫守炉的道人。当被老君怪我失守，降下此间，就做了火焰山土地也。"

当年孙悟空大闹天宫时，被装进太上老君的八卦炉中炼了七七四十九天，他出来的时候蹬倒丹炉，落下了几个砖，化成了火焰山。火焰山是因孙悟空之错而形成的，现在，挡住了取经团队的道路，这就是因果。

要扇灭火焰山的火，必须用牛魔王的老婆铁扇公主的扇子，就此引出了铁扇公主。铁扇公主也叫铁扇仙，还叫罗刹女。书中第五十九回写道：

樵子笑道："这芭蕉洞虽有，却无个铁扇仙，只有个铁扇公主，又名罗刹女。"行者道："人言他有一柄芭蕉扇，能熄得火焰山，敢是他么？"樵子道："正是，正是。这圣贤有这件宝贝，善能熄火，保护那方人家，故此称为铁扇仙。我这里人家用不着他，只知他叫做罗刹女，乃大力牛魔王妻也。"

原来火焰山附近的老百姓，需要用铁扇公主的芭蕉扇灭火，所以尊称她为铁扇仙。樵夫他们家离火焰山比较远，不需要用芭蕉扇，所以叫她罗刹女，可见世间人情冷暖、世态炎凉。

罗刹女，传说她专吃别人家的孩子而特别疼爱自己的孩子。那么，铁扇公主的性格就可以想见，她有公主脾气，还护犊子。所以，当孙悟空来到芭蕉洞前，报上名字并说明来意时，书中写道：

> 那罗刹听见"孙悟空"三字，便似撮盐入火，火上浇油，骨都都红生脸上，恶狠狠怒发心头，口中骂道："这泼猴！今日来了！"叫："丫鬟，取披挂，拿兵器来！"随即取了披挂，拿两口青锋宝剑，整束出来。

尊崇道教的人，将成仙作为自己的追求。铁扇公主被称作铁扇仙，书中提到牛魔王在家静玩丹书，而炼丹是道家的修炼活动，这些可以推断出牛魔王和铁扇公主都信奉道教，所以牛魔王夫妇一直认为是孙悟空害了红孩儿，恨不得将孙悟空杀死，以解心头之恨。书中写道：

> 那罗刹出门，高叫道："孙悟空何在？"行

者上前，躬身施礼道："嫂嫂，老孙在此奉揖。"
罗刹咄的一声道："谁是你的嫂嫂！那个要你奉
揖！"行者道："尊府牛魔王，当初曾与老孙结
义，乃七兄弟之亲。今闻公主是牛大哥令正，
安得不以嫂嫂称之！"罗刹道："你这泼猴！既
有兄弟之亲，如何坑陷我子？"行者佯问道：
"令郎是谁？"罗刹道："我儿是号山枯松涧火
云洞圣婴大王红孩儿，被你倾了。我们正没处
寻你报仇，你今上门纳命，我肯饶你？"行者
满脸陪笑道："嫂嫂原来不察理，错怪了老孙。
你令郎因是捉了师父，要蒸要煮，幸亏了观音
菩萨收他去，救出我师。他如今现在菩萨处做
善财童子，实受了菩萨正果，不生不灭，不垢
不净，与天地同寿，日月同庚。你倒不谢老孙
保命之恩，返怪老孙，是何道理？"罗刹道：
"你这个巧嘴的泼猴！我那儿虽不伤命，再怎生
得到我的跟前，几时能见一面？"行者笑道：
"嫂嫂要见令郎，有何难处？你且把扇子借我，
搧息了火，送我师父过去，我就到南海菩萨处
请他来见你，就送扇子还你，有何不可！那时
节，你看他可曾损伤一毫。如有些须之伤，你
也怪得有理。如比旧时标致，还当谢我。"罗刹

道："泼猴少要饶舌！伸过头来，等我砍上几剑！若受得疼痛，就借扇子与你；若忍耐不得，教你早见阎君！"行者叉手向前，笑道："嫂嫂切莫多言。老孙伸着光头，任尊意砍上多少，但没气力便罢。是必借扇子用用。"那罗刹不容分说，双手轮剑，照行者头上乒乒乓乓，砍有十数下，这行者全不认真。罗刹害怕，回头要走。行者道："嫂嫂那里去？快借我使使！"那罗刹道："我的宝贝原不轻借。"

铁扇公主一见到孙悟空，就骂他害了自己的孩子，无论孙悟空如何解释，她根本就不听，更不把扇子借给孙悟空。你看铁扇公主态度强硬，蛮不讲理，自以为是，和红孩儿蛮横霸道是不是一样的呢？有其母必有其子。家庭是人生的第一课堂，父母就是孩子的一面镜子，父母是对孩子影响最早最深的人，是孩子模仿得最早最多的形象，孩子身上可以折射出父母为人处世的原则。

牛魔王贪图财色入赘摩云洞，将铁扇公主抛下不管。铁扇公主虽然很痛苦，但仍然恪守妇道，独自一人守着冷清的家，日夜煎熬，幻想着牛魔王能回心转意。她在婚姻上是不幸的。红孩儿又被菩萨降服，被带到了南海落伽山皈依佛门，她的日子是灰色的、没有指望的，她满心伤痛，无处发泄，此时看到害了孩子的仇人孙悟空，就把一腔愤怒倾倒在孙悟空身上。

孙悟空耐着性子跟铁扇公主解释，红孩儿在南海观音身边做了善财童子，成了正果，不仅毫发未伤，还要比在火云洞当妖怪有前途、有出息，若是想见他也不是没有机会。

我们培养孩子成才，并不仅仅是为了自己，更是为了孩子。我们当然想永远和孩子在一起，但更希望孩子能够飞得更高、飞得更远，希望孩子过得更快乐，人生更成功。铁扇公主不明白红孩儿留在观音菩萨身边，以后的前程会更好，所以对孙悟空怀恨在心。

牛魔王有牛脾气，在外面牛气冲天，回到家里，自己的老婆也是公主脾气，也是个厉害的主儿，他们旗鼓相当，若是两个人都不懂得妥协退让，那么他们就没办法好好过日子。

红孩儿天资聪明，学了一身的本领，但是没有受到良好的家庭教育，早早离开家，和社会上的不良少年结成小团伙，祸害百姓，危害社会。牛魔王因财色而入赘，会直接影响红孩儿的价值观，为了钱财他也可以不择手段，这是家庭教育缺失造成的，是其父母失职。

幸福的家庭都是一样的，不幸的家庭各有各的不幸。

牛魔王一家是不幸福的家庭：铁扇公主护犊子，说话刻薄，性格刚硬；牛魔王沉迷于吃喝玩乐；红孩儿不走正道。牛魔王夫妇没有尽到做父母的职责，没有教育好孩子，即使他们事业上成功也无法弥补教育孩子的失败。

家长是孩子的第一任老师，孩子将来成为什么样的人，与其父母的教养、品行有很大的关系。我们家长要让自己不断进步，提高自身各方面素质，给孩子树立一个好榜样。如果父母自己不进步、不提高，却一味对孩子提要求，孩子心里也不会信服家长。所有家庭成员一起进步，一起成长，才是家庭教育的最佳效果。

家庭是孩子成长的摇篮，家庭成员之间、夫妻之间不要动不动就大吵大闹，互相揭短，而是要相互包容、相互尊敬，和睦相处，让家里充满欢笑，给孩子创造良好的家庭气氛，这是做父母的应该给予孩子的最基本的成长环境。

请你谈谈自己的感受吧：

_____

_____

_____

_____

_____

_____

第十二讲：

平天大圣——牛魔王沦为阶下囚

　　牛魔王的老婆是铁扇公主，他的儿子是红孩儿，他的弟弟叫如意真仙，他还有个新欢是玉面公主。牛魔王的朋友不计其数，经常有人请他吃饭喝酒，就像现在的一些大老板，整天忙于应酬，没有时间陪伴孩子，没时间和妻子沟通交流。

　　牛魔王自封为平天大圣，是孙悟空结义七兄弟中的老大。牛魔王武艺高强，也有七十二般变化，和孙悟空大战几百回合不分胜负，武功不在孙悟空之下。孙悟空和猪八戒联合与牛魔王作战，他也不惧怕。牛魔王交友甚广，经常有龙王、各种妖王请他吃饭喝酒。论出身不比孙悟空低，论天赋也不比孙悟空差，但是后来，孙悟空成了佛，牛魔王被佛祖差使逮捕，成为阶下囚。这是为什么呢？原因在于牛魔王没有远大志向。

孙悟空还是小石猴的时候，就敢去钻水帘洞，当上了美猴王后又想让全族的猴子长生不老，于是独自一人云游海外二十年，拜师学艺。学艺归来后又努力奋斗，大力发展花果山事业，然后又到天上去做了弼马温，后来发现职位太低便甩手不干了，回到花果山竖起"齐天大圣"的旗子，公然向天庭叫板。可见，孙悟空志向远大，希望事业有成，出人头地，只是他不懂得控制自己的情绪。

牛魔王曾经是孙悟空结义七兄弟中的大哥，在孙悟空大闹天宫被压在五行山下以后，玉皇大帝也对其同党进行了"严打"。牛魔王自然吓坏了，慌忙逃离花果山，来到了遥远的火焰山，之后牛魔王娶了铁扇公主，生下了红孩儿，之后他又跟玉面公主在一起了，书中写道：

土地道："大力王乃罗刹女丈夫。他这向撇了罗刹，现在积雷山摩云洞。有个万岁狐王，那狐王死了，遗下一个女儿，叫做玉面公主。那公主有百万家私，无人掌管。二年前，访着牛魔王神通广大，情愿倒陪家私，招赘为夫。那牛王弃了罗刹，久不回顾。……"

　　玉面公主继承了父亲的百万家产，牛魔王上门入赘，实际上是吃软饭。他为了金钱和美色，抛弃了自己的结发妻子，放弃男人的尊严和原则。在积雷山摩云洞里，他把早年的英雄豪情消磨得干干净净，醉生梦死、浑浑噩噩。在与孙悟空交手时，牛魔王曾经中场叫停，说碧波潭龙王要请客吃酒，书中写道：

　　这大圣与那牛王斗经百十回合，不分胜负。正在难解难分之际，只听得山峰上有人叫道："牛爷爷，我大王多多拜上，幸赐早临，好安座也！"牛王闻说，使混铁棍支住金箍棒，叫道："猢狲，你且住了，等我去一个朋友家赴会来者！"言毕，按下云头，径至洞里，对玉面公主道："美人，才那雷公嘴的男子乃孙悟空猢狲，被我一顿棍打走了，再不敢来。你放心耍子。我到一个朋友处吃酒去也。"他才卸了盔甲，穿一领鸦青剪绒袄子，走出门，跨上辟水金晴兽，着小的们看守门庭，半云半雾，一直向西北方而去。

　　大圣在高峰上看着，心中暗想道："这老牛不知又结识了甚么朋友，往那里去赴会？等老孙跟他走走。"好行者，将身幌一幌，变作一阵清风赶上，随着同走。不多时，到了一座山中，那牛王寂然不见。大圣聚了原身，入山寻看，那山中有一面清水深潭，潭边有一座石碣，碣上有六个大字，乃"乱石山碧波潭"。

龙王也是分等级的。像东海龙王、西海龙王等在第一个等级里，泾河龙王在第二个等级里，碧波潭龙王地位更低，孙悟空连东海龙王、西海龙王都不放在眼里，更别说一个碧波潭龙王。而牛魔王听说碧波潭龙王请吃酒，一刻也不敢耽搁，抛下孙悟空急急忙忙地走了。读这段的时候，大家会不会感到好笑呢？这时候的牛魔王心里，再也没有比吃喝玩乐更重要的事了，人家都打到他家门口了，他还要赴宴吃酒，他已经成为一个酒肉之徒了，还能有什么理想和追求吗？

生活一旦富裕了，人们往往就会安于现状，只想享受生活，不愿意再努力奋斗。年轻时的理想和抱负，都抛到了脑后。就像牛魔王一样，和狐媚又有钱的玉面公主在一起，沉醉于吃喝玩乐的安逸生活，没有了上进心和奋斗精神。当你停滞不前甚至倒退了，就会被别人整合或领导。"天行健，君子以自强不息。"就是告诫我们要做胸怀大志、自强不息的正人君子，并且能顺天应时、顺势而为，方能成就雄才伟业。牛魔王整日醉生梦死，最后沦为阶下囚是不可避免的事情。

再者牛魔王也不是一个好丈夫。他抛弃铁扇公主，入赘摩云洞，这是对妻子最大的伤害。许多家庭的破裂、家族的没落，都源于男人的不检点，到了最后人财两空之时，这些男人才后悔莫及。

牛魔王后来被擒，书中写道：

> 牛王道："扇子在我山妻处收着哩。"哪吒见说，将缚妖索子解下，跨在他那颈项上，一把拿住鼻头，将索穿在鼻孔里，用手牵来。孙行者却会聚了四大金刚、六丁六甲、护教伽蓝、托塔天王、巨灵神将并八戒、土地、阴兵，簇拥着白牛，回至芭蕉洞口。老牛叫道："夫人，将扇子出来，救我性命！"罗刹听叫，急卸了钗环，脱了色服，挽青丝如道姑，穿缟素似比丘，双手捧那柄丈二长短的芭蕉扇子，走出门。又见有金刚众圣与天王父子，慌忙跪在地下，磕头礼拜道："望菩萨饶我夫妻之命，愿将此扇奉承孙叔叔成功去也！"

最后还是铁扇公主交出了芭蕉扇，才救了牛魔王的性命。患难见真情，关键时刻还是原配妻子用芭蕉扇换得了牛魔王的性命。

人生如逆水行舟，不进则退，只想过安逸的生活，往往会适得其反，得不到安逸。最好的防守是进攻，只有努力奋斗，才能有幸福的生活。

人们都希望能够在事业上获得成功，同时又拥有幸福的家庭。那么，我们就要有自强不息的精神，努力工作。还要用心经营家庭，让自己在生活中感到幸福快乐。让我们一起努力吧！

请谈谈自己的感受吧：

_____

_____

_____

_____

_____

_____

_____

_____

_____

_____

_____

第十三讲：

害了全家的糊涂父亲——万圣老龙王

在书中第六十二回，唐僧师徒来到了祭赛国。

祭赛国金光寺的宝塔里有一件宝贝，这件宝贝使得金光寺祥云笼罩。这神奇的景象让祭赛国周边四个小国家对祭赛国毕恭毕敬，年年来朝贺进贡。可是三年前的初秋，下了一场奇怪的雨，雨水都是鲜红的血，血雨过后塔里的宝贝不见了，祥云瑞气也消失了，那四个小国家也不再来朝贺进贡了。祭赛国的国王昏庸无能，官员贪污腐败，草菅人命，污蔑金光寺的和尚们偷了宝贝，就给金光寺的所有和尚带上枷锁，拷打审问。和尚被打死了一大半，宝贝还是没有找到。那么，丢失的宝贝是什么？到底被谁偷走了呢？孙悟空晚上陪着师傅扫塔，抓住了两个小妖，才解开了其中的原因。书中这样写道：

> 那怪物战战兢兢，口叫"饶命！"遂从实供道："我两个是乱石山碧波潭万圣龙王差来巡塔的。他叫做奔波儿灞，我叫做灞波儿奔。他是鲶鱼怪，我是黑鱼精。因我万圣老龙生了一个女儿，就唤做万圣公主。那公主花容月貌，有二十分人才，招得一个驸马，唤做九头驸马，神通广大。前年与龙王来此，显大法力，下了一阵血雨，污了宝塔，偷了塔中的舍利子佛宝。公主又去大罗天上灵虚殿前，偷了王母娘娘的九叶灵芝草，养在那潭底下，金光霞彩，昼夜光明。……"

原来那金光寺塔上的宝贝是舍利子佛宝。这佛宝被万圣龙王和他的女婿九头虫偷走。他和女婿定好计谋，先下血雨污了宝塔，随后偷走了佛宝，藏在龙宫据为己有。

俗话说，"上梁不正下梁歪"。万圣龙王贪得无厌，敢偷人间宝贝，女儿更是无法无天，竟然偷到天上，把王母娘娘的九叶灵芝草偷回来养在自己家里。胆大妄为的盗贼父亲，无法无天的神偷女儿，心灵丑恶的女婿，这一家人组成了一个偷盗团伙。

万圣龙王和牛魔王是好朋友，他一定了解牛魔王的下场，肯定也知道孙悟空的厉害，但是他们结成团伙后，力量增加，便有恃无恐、胆大妄为。孙悟空和猪八戒前去索要佛宝，万圣龙王领着龙子龙孙，举着刀枪，与他们对抗，真应了那句话："天欲令其灭亡，必先让其疯狂。"万圣龙王真的是丧心病狂，无法无天，必然自取灭亡。

最后，万圣龙王被孙悟空把龙头打得稀烂，万圣公主也被猪八戒一耙打死，九头虫也被哮天犬咬掉了头。万圣龙王全家几乎都被杀死，只有他的老婆被穿了琵琶骨锁在塔心柱上，苟且偷生。

万圣龙王法制意识淡薄，与自己的女婿相勾结行偷盗之事，又纵容自己的孩子上天行窃，简直无法无天，最终招来几近灭门之祸。真是"君子乐得做君子，小人冤枉做小人"。

心态决定命运，有何种心态决定着采取何种行为。扭曲的心态就会造成行为扭曲。所以人的心态不同，命运也就千差万别。《西游记》描写了许多心灵扭曲的人，就像万圣龙王，他们这样的都是妖魔鬼怪，都没有落得好下场。在大自然中，开什么花就会结什么果。因此说，福自我求，命由己造。

我们每个人心里都应该有一条"红线"，知道哪些事该做，哪些事坚决不能做。要克制贪欲，做事不能偏离法律的准绳，尤其是公职人员，更要严格要求自己，还要管好自己的孩子和家属。否则，一失足成千古恨，自己十年寒窗苦读终成空，还让父母蒙羞，让孩子受牵连，得不偿失。

请你谈谈自己的感受吧：

_____

_____

_____

_____

_____

_____

_____

_____

_____

_____

_____

第十四讲：

托塔李天王和哪吒之间的恩怨

在书中第八十三回，金鼻白毛老鼠精把唐僧捉到洞里，要与唐僧成亲。孙悟空进入她的洞穴，发现老鼠精供奉着李天王和哪吒三太子的牌位。孙悟空认为老鼠精是托塔李天王的女儿，马上到玉帝那告了御状，让托塔李天王还他的师父。

于是玉帝让太白金星和孙悟空一同去见托塔李天王，托塔李天王不仅不认账，还骂孙悟空无礼，并用缚妖索把孙悟空捆了，这时哪吒出现了，书中写道：

天王轮过刀来，望行者劈头就砍。早有那三太子赶上前，将斩腰剑架住，叫道："父王息怒。"天王大惊失色。噫！父见子以剑架刀，就当喝退，怎么返大惊失色？原来天王生此子时，他左手掌上有个"哪"字，右手掌上有个"吒"字，故名哪吒。这太子三朝儿就下海净身闯祸，踏倒水晶宫，捉住蛟龙要抽觔为绦子。天王知道，恐生后患，欲杀之，哪吒奋怒，将刀在手，割肉还母，剔骨还父；还了父精母血，一点灵魂，径到西方极乐世界告佛。佛正与众菩萨讲经，只闻得幢幡宝盖有人叫道："救命！"佛慧眼一看，知是哪吒之魂，即将碧藕为骨，荷叶为衣，念动起死回生真言，哪吒遂得了性命。运用神力，法降九十六洞妖魔，神通广大，后来要杀天王，报那剔骨之仇。天王无奈，告求我佛如来。如来以和为尚，赐他一座玲珑剔透舍利子如意黄金宝塔。那塔上层层有佛，艳艳光明。唤哪吒以佛为父，解释了冤仇。所以称为托塔李天王者，此也。今日因闲在家，未曾托着那塔，恐哪吒有报仇之意，故吓个大惊失色。却即回手，向塔座上取了黄金宝塔，托在手间，问哪吒道："孩儿，你以剑架住我刀，有何话说？"

哪吒闯下了滔天大祸，李天王恐生后患，要把哪吒杀了，哪吒自知不能保命，无奈之下将刀在手，割肉还母，剔骨还父，还了父精母血，一点儿灵魂，径到西方极乐世界告佛。最后佛祖帮助哪吒起死回生。

复活之后的哪吒要杀李天王，以报剔骨之仇，李天王也向如来求救，如来赐他一座玲珑剔透舍利子如意黄金宝塔，那塔上层层有佛，艳艳光明。令哪吒以佛为父，与李天王消除了冤仇。所以李天王被称为托塔李天王。

父子反目，势不两立，这是个沉痛的话题。俗话说，"多年父子成兄弟"，可是我们身边不乏这样的父子，他们反目成仇，相互仇恨，是什么原因呢？是父亲对儿子的要求过于严厉？还是父子俩性格不合？还是别的什么原因？不管是因为什么，做父亲的难辞其咎，他不会当父亲，不会做家长。有的父亲总是希望孩子什么都听自己的，一旦孩子和他的想法有出入，他就会恼羞成怒，对其冷嘲热讽，甚至体罚孩子。我们得知道，孩子是有自己的独立思想的，他们不希望家长对他们控制太多，希望能够按照自己的想法生活，我们应该尊重孩子。否则一旦翻脸，反目成仇，从此陌路。这是做父亲的人生一大败笔。

托塔李天王和哪吒父子成仇，即使后来如来佛祖以和为尚做了调解，赐李天王层层有佛的黄金宝塔托在手上，让哪吒以佛为父，那么，李天王对哪吒的伤害就消除了吗？他们两个人之间真的就毫无芥蒂了吗？如果他们父子俩的恩怨真的是一笔勾销了，那么李天王见到哪吒后为何大惊失色，赶忙取了黄金宝塔托在手中，他是害怕哪吒报仇，说明父子之间还是有隔阂的。

我们在社会上、职场中，与人交往时都能做到尊重他人，和颜悦色，为什么在家庭中尤其是在孩子面前就不能这样呢？其实，家人和孩子更需要我们的温情，更渴望得到我们的尊重与认可。

希望每一位做家长的都能放下家长派头，把孩子当作朋友，尊重他、理解他，并承担起家长的责任，关键时刻能够为孩子遮风挡雨，让他感受到父爱如山，母爱如水。

至于开头提到的金鼻白毛老鼠精，她原是个妖精，三百年前成怪，在灵山偷食了如来的香花宝烛，如来差遣哪吒父子以及天兵天将，将她拿住，但最后还是饶了她性命。于是她拜托塔李天王为父，拜哪吒为兄，她并非是哪吒的亲妹妹。李天王和哪吒手下留情，使她得以活命。她本该痛改前非，走上正道，以报答天地、佛祖和恩人，但是她没有羞耻之心，以色迷人，最后被押到天庭听候发落。

请你谈谈自己的感受吧：

_____

_____

_____

_____

_____

_____

_____

_____

_____

_____

_____

_____

_____

_____

_____

_____

_____

_____

_____

第十五讲：

玉华三王子拜师

　　在《西游记》第八十八回，取经团队来到了富饶繁华的玉华县，正如"玉华"这个名字一样，这里锦玉繁华，国富民强，五谷丰登，街市上的白米四钱一石，麻油八厘一斤。老百姓安居乐业。正如唐僧所说，"所为极乐世界，诚此之谓也。"唐僧师徒在参见玉华县的玉华王时，因为猪八戒失礼，让玉华王很惊恐，就此引出了他的三个小王子。书中写道：

　　　　原来那三个小王子比众不同，一个个好武行

强，便就伸拳掳袖道："莫敢是那山里走来的妖精，假精魔像，待我们拿兵器出去看来！"

这三个孩子一出场，就给人英姿勃发、一身正气的印象。当这三个孩子领教了孙悟空、猪八戒、沙僧三个人的本领后，才知道来到这里的是神通广大的英雄好汉。书中写道：

> 那三个小王子，急回宫里，告奏老王道："父王万千之喜！今有莫大之功也！适才可曾看见半空中舞弄么？"老王道："我才见半空霞彩，就于官院内同你母亲等众焚香启拜，更不知是那里神仙降聚也。"小王子道："不是那里神仙，就是那取经僧三个丑徒弟。一个使金箍铁棒，一个使九齿钉钯，一个使降妖宝杖，把我三个的兵器，比的通没有分毫。我们教他使一路，他嫌'地上窄狭，不好施展，等我起在空中，使一路你看'。他就各驾云头，满空中祥云缥缈，瑞气氤氲。才然落下，都坐在暴纱亭里。做儿的十分欢喜，欲要拜他为师，学他手段，保护我邦。此诚莫大之功！不知父王以为何如？"老王闻言，信心从愿。

三个孩子要拜孙悟空、猪八戒、沙僧为师，他们拜师的原因，书上说得很清楚："学他手段、保护我邦，此诚莫大之功。"孩子们学习武艺的动力是保家卫国，他们认为这是莫大的功德，所以主动向父亲提出，要拜孙悟空等三个人为师学习技艺，他们这是主动学习，学习效率会非常高。

我们现在的许多孩子都是被家长强迫去学习，我们须知，"要他学"和"他要学"的效果是完全不同的。家长"要他学"，孩子会认为他在为家长学习，学习没有动力。我们做家长的要懂得激发孩子的兴趣，要对他们循循善诱，培养他们的主动性，这样他们才能够自发地学习。

我们该如何对孩子进行循循善诱呢？

一、创设环境

比如，你想让孩子学画画，你可以在墙上挂上绘画作品，为他购买绘画书籍，带孩子去看书画展览，让他与艺术家接触……这就是在创设环境。

二、帮助孩子确立梦想

现在许多人教育孩子，百分之九十九的精力和财力用在了能力层面，让孩子不断学习各种技能，却没有帮助孩子树立远大理想，我们应该尽早帮助孩子确立自己的梦想，让他有奋斗的目标，这样他自己就会主动地为了实现自己的梦想而努力，就会像玉华县的三个小王子一样，主动提出要拜师学艺，哪里还需要父母操心？

孩子要拜师学艺，玉华王是如何做的呢？书中写道：

> 当时父子四人，不摆驾，不张盖，步行到暴
> 纱亭。他四众收拾行李，欲进府谢斋，辞王起行，
> 偶见玉华王父子上亭来倒身下拜……

父子四个人齐刷刷地给唐僧师徒跪下了，三个小王子
拜师，玉华王也跪下了。这说明什么呢？

一、玉华王对唐僧师徒非常崇拜尊敬。

二、玉华王是在用实际行动支持孩子们。

三、玉华王是给孩子们做尊师重教、谦卑有礼的榜样。

玉华王陪着三个小王子一起跪下拜师，给孩子做了好
榜样，他们父子四人的真诚和谦卑，感动了唐僧师徒，大
家都愿意帮助小王子们，真心传授他们技艺。小王子们也
学到了许多本领。

有人说，三个小王子真幸运，能够遇到孙悟空这样了
不起的师父。其实不然，唐僧师徒取经共十四年，他们走
了十万八千里路，遇到了成千上万、形形色色的人，但是
只有这三位小王子能够拜他们为师，说明了什么呢？大家
应该都能明白。

古人说，"天地君亲师"，将老师的地位抬得很高。我
们的技能都是老师传授的，所以要从心里尊敬老师。老师

见到我们如此恭敬谦卑，也会乐于传授我们技艺。三位小王子做到了这一点，便得到了孙悟空等人的真传，所以他们三个人的进步很快。

回想我们小的时候读书时，对老师都非常恭敬。我们的家长见到老师也会诚恳地拜托老师好好教育我们，若是我们不听话任由老师处罚。家长这样会让我们的心里生出敬畏，也会促使我们端正学习态度，好好学习；也让老师明白了家长的立场，能够安心地去施教。

《易经》说，"谦卦，六爻皆吉"。在《易经》的六十四卦中，每一卦都有吉凶祸福，只有一卦，六爻都是吉，即"谦卦"，所以说"满招损，谦受益"。我们要培养孩子的恭敬心和谦卑心，让他们从小就懂得尊师重道，恭谨谦虚，这样他们的人生会获得众多的助力。

请你谈谈自己的感受吧：

_____

_____

_____

_____

_____

_____

第十六讲：

女孩子该如何养？

在《西游记》第九十三回，唐僧师徒取经团队来到了天竺国，住进了舍卫国给孤独园寺，又名祇园。这个地方太有名了，稍微了解一点儿佛学知识的朋友都知道，这个地方和佛陀知名度一样大，就在这个著名的地方，唐僧听到有女子啼哭的声音，还听出了这位女子哭的是爷娘不知苦痛之言。他便向随行老僧询问，书中写道：

老僧道："旧年今日，弟子正明性月之时，忽闻一阵风响，就有悲怨之声。弟子下榻，到祇园基上看处，乃是一个美貌端正之女。我问他：'你是谁家女子？为甚到于此地？'那女子道：'我是天竺国国王的公主。因为月下观花，被风刮来的。'我将他锁在一间敞空房里，将那房砌作个监房模样，门上止留一小孔，仅递得碗过。当日与众僧传道：'是个妖邪，被我捆了。'但我僧家乃慈悲之人，不肯伤他性命。每日与他两顿粗茶粗饭，吃着度命。那女子也聪明，即解吾意，恐为众僧点污，就装风作怪，尿里眠，屎里卧。白日家说胡话，呆呆邓邓的；到夜静处，却思量父母啼哭。我几番家进城来化打探公主之事，全然无损。故此坚收紧锁，更不放出……"

真公主是天竺国国王的掌上明珠，自幼生在宫中，定是百般娇惯。娇生惯养的孩子，往往在家里时是主角，是老大，稍稍不对心思，就乱发公主脾气。一旦出门在外，就会胆小如鼠，缺乏应变能力，不能独立自主，不会处理各种关系。就像天竺国公主，二十岁的一个成年人了，一旦出了皇宫，没有了公主身份保护，既没有独立生存的能力，也没有自救的能力，每天担惊受怕、装疯卖傻，作践自己、受尽了苦楚。

如果把女儿从小当成公主一样养育，就只会增长她的公主脾气，使她生活中的一些必备技能都没有，实则是害了她。我从事艺术心理咨询工作多年，每次给孩子做艺术心理测试，女孩子画的大多是漂亮的公主，大眼睛长睫毛，头戴王冠，身穿华美蓬松的公主裙，却配以不成比例的细胳膊细腿、小手小脚，或没有画出手脚。

孩子们只知道享受生活，却不愿自己奋斗，或者根本就不知道，这一切都需要自己奋斗，他们认为自己的父母早就为他们创造了一切，自己只要享受幸福就可以了。

这样的孩子一旦进入人际关系复杂的社会，进入陌生的环境里，往往都不适应，像唐僧的母亲殷温娇、天竺国的真公主一样，懦弱胆小，没有勇气自救。现在社会生存压力这么大，男女平等，女孩也要去奋斗打拼。像养公主一样地养女儿，是在害自己的孩子。

假公主贪图富贵、心胸狭隘、自私偏执，受不得一丝委屈，并且报复心很强，睚眦必报。对于假公主的来历，书中写道：

> 忽听得九霄碧汉之间，有人叫道："大圣，莫动手！莫动手！棍下留情！"行者回头看时，原来是太阴星君，后带着姮娥仙子，降彩云到于当面。慌得行者收了铁棒，躬身施礼道："老太阴，

往那里去？老孙失回避了。"太阴道："与你对敌的这个妖邪，是我广寒宫捣玄霜仙药之玉兔。他私自偷开玉关金锁，走出宫来，经今一载。我算他目下有伤命之灾，特来救他性命。望大圣看老身饶他罢。"行者喏喏连声，只道："不敢！不敢！怪道他会使捣药杵！原来是个玉兔儿！老太阴不知，他摄藏了天竺国王之公主，却又假合真形，欲破我圣僧师父之元阳。其情其罪，其实何甘！怎么便可轻恕饶他！"太阴道："你亦不知。那国王之公主，也不是凡人，原是蟾宫中之素娥。十八年前，他曾把玉兔儿打了一掌，却就思凡下界。一灵之光，遂投胎于国王正宫皇后之腹，当时得以降生。这玉兔儿怀那一掌之仇，故于旧年私走出宫，抛素娥于荒野。但只是不该欲配唐僧。此罪真不可挽。幸汝留心，识破真假，却也未曾伤损你师。万望看我面上，恕他之罪，我收他去也。"

玉兔任性、自私，嫉妒心、报复心强，摄藏公主，自己又假合真形，要将唐僧招为驸马，既害了别人又害了自己。

我们在家庭教育中，要教导自己的女儿不要只顾自己，要考虑到别人的感受和利益；千万不要种蒺藜。种桃李者得其实，种蒺藜者得其刺；千万不要出口伤人；做事一定要谨慎，遇事一定要冷静。

女孩子该如何养呢？穷养、富养都不如好好教养，好的教养是父母送给孩子的无价之宝，也是父母良好教养的体现。

请将你的感受写下来吧：

_____

_____

_____

_____

_____

_____

_____

_____

_____

_____

_____

_____

_____

第十七讲：

学习唐僧好榜样

　　唐僧是一个心慈面软、吃斋念佛的僧人，为了惠及黎民百姓，他千里迢迢，跋山涉水，历经九九百十一难，从西天取到了真经。取经路上他展示出了自身的诸多优秀品质，给我们树立了一个好榜样，那么，他都具有哪些优秀品质值得我们向他学习呢？

　　首先，唐僧怀有伟大的梦想，并愿意为了实现梦想而奋斗一生。

　　唐僧是一个手无缚鸡之力的平凡人，但是他有不平凡的事业心。书中第十二回写道：

玄奘道："我这一去，定要捐躯努力，直至西天；如不到西天，不得真经，即死也不敢回国，永堕沉沦地狱。"随在佛前拈香，以此为誓。唐王甚喜，即命回銮，待选良利日辰，发牒出行。遂此驾回各散。

唐僧用他宝贵的生命立下誓言，不到西天，不得真经，即死也不敢回国，永堕沉沦地狱。人生就如同向西天取经一样，如果有了坚定的目标，你将会义无反顾，拼尽全力，所向披靡，最终收获成功。我们想要获得幸福，就须知，它不在柳荫下，也不在温室里，它需要我们通过辛勤的工作、艰苦的劳动创造出来。幸福在我们晶莹的汗水里，幸福在我们圆梦的征途中。

一旦你确立目标以后，要问问自己，我能为我的梦想付出什么？我能够为之排除万难，永不放弃吗？如果需要舍弃一些事物才能实现梦想，你还能坚持吗？有舍才有得，小舍小得，大舍大得，舍下该放弃的，方能得到最想要的。

其次，唐僧谦卑恭敬、常怀感恩心，常做布施。

唐僧见庙拜佛，见塔扫塔，见人行礼，是因为他有着谦卑心和恭敬心。唐僧每次逢凶化吉，无论对谁都一谢再谢，并给予他人美好的祝愿。书中第三十一回写道：

　　长老现了原身，定性睁眼，才认得是行者。一把揽住道："悟空！你从那里来也？"沙僧侍立左右，把那请行者，降妖精，救公主，解虎气，并回朝上项事，备陈了一遍。三藏谢之不尽，道："贤徒，亏了你也！亏了你也！这一去，早诣西方，径回东土，奏唐王，你的功劳第一。"行者笑道："莫说！莫说！但不念那话儿，足感爱厚之情也。"

　　孙悟空不管受了多大的委屈，听到唐僧真诚的感谢和赞美之语，一定会消除心中的芥蒂，唐僧是多么高明的领导呀！

　　再次，唐僧坚韧，懂得自律，坚持原则。同时又宽宏大量，不计前嫌。

　　唐僧遇到困难虽然也常常流泪，害怕得从马上掉下来，但他是取经团队中最虔诚、最坚定的人。西天取经途中，经常饥寒交迫、性命攸关，唐僧素心素食，严格自律，并且坚持原则，正信正念。

　　如在书中第十四回，他们遇到了强盗，孙悟空滥杀人命，他坚持正义和原则，指责孙悟空：

三藏道："你十分撞祸！他虽是剪径的强徒，就是拿到官司，也不该死罪；你纵有手段，只可退他去便了，怎么就都打死？这却是无故伤人的性命，如何做得和尚？出家人'扫地恐伤蝼蚁命，爱惜飞蛾纱罩灯'。你怎么不分皂白，一顿打死？全无一点慈悲好善之心！早还是山野中无人查考；若到城市，倘有人一时冲撞了你，你也行凶，执着棍子，乱打伤人，我可做得白客，怎能脱身？"悟空道："师父，我若不打死他，他却要打死你哩。"三藏道："我这出家人，宁死决不敢行凶。我就死，也只是一身，你却杀了他六人，如何理说？此事若告到官，就是你老子做官，也说不过去。"

在五庄观，五庄观的童子告诉唐僧那树上结的人参果，吃一个就可活四万七千年。但因人参果形状像小孩，唐僧坚持原则，百般推托就是不吃。

但同时唐僧又能够以宽容心待人。孙悟空、猪八戒和沙僧，包括白龙马都是有前科的人，罪孽深重。但是唐僧宽宏大量、不计前嫌，对待他们态度平和，充满真情实意。

最后，唐僧不贪财好色，在美女和金钱面前毫不动心。

在西天取经的路上，唐僧总是能帮则帮，能助则助，不遗余力地帮助别人，不图回报。如书中第四十回写道：

> 那皇帝与三宫妃后、太子、诸臣，将镇国的
> 宝贝、金银缎帛，献与师父酬恩。那三藏分毫不
> 受，只是倒换关文，催悟空等背马早行。

第八十七回写道：

> 那一郡人民，知久留不住，各备赆仪，分文
> 不受。

这样的例子书中还有许多。

俗话说，英雄难过美人关。在《西游记》中，先后出现了很多美女妖精，像白虎岭的白骨精、木仙庵的杏树精、盘丝洞的蜘蛛精、无底洞的老鼠精等等。但唐僧却不动心，坐怀不乱，战胜了人本身的欲念，获得了超脱。

唐僧带领着徒弟们去往西天取经，一共走了十万八千里路，历经十四年，时间漫长，路途遥远，磨难重重，可是他却坚定目标信念，迎难而上，从不放弃，终于到达西天取得真经，利益众生，自己也修成了正果。

我们要以唐僧为榜样，在现实生活中努力做到：志向高远，坚定目标，不轻言放弃；常怀谦卑心、恭敬心，待人

谦和恭谨；懂得自律，为人处世有原则。同时又能够以宽容心待人；不贪图财色。希望我们大家能够一起进步，一起成长，让自己越来越完善，让我们的生活越来越美好！

请谈谈自己的感受吧：

_____

_____

_____

_____

_____

_____

_____

_____

_____

_____

_____

_____

_____

_____

_____

_____